中公新書 2821

志村真幸著

在野と独学の近代

ダーウィン、マルクスから
南方熊楠、牧野富太郎まで

中央公論新社刊

はじめに

現在では、科学や学問というものは大学などの研究者が担うのが当然だと思われている。しかし、かつては独学のアマチュアたちこそが学問の中心だった時代があった。自分の関心のあるテーマを自由に追い求め、大学という枠組みに縛られず、野に在りつつ大きな成果を上げる。どうしたら、そんな夢のようなことができたのだろうか。

明治から昭和初期にかけて活躍した生物学者、民俗学者の南方熊楠《みなかたくまぐす》(一八六七~一九四一年)は、独学、在野の研究者として名高い。生物学や民俗学を大学で教わったのではなく、独力で学んだ。一度も大学で教えたことはなかったし、博物館や研究所の正規職員として働いた経験も皆無だ。一九世紀末にイギリスに八年も留学したが、オクスフォードやケンブリッジには足も踏み入れなかった。それでは、熊楠はどのようにして学問を身に付け、研究にとりくんだのか。

現代の日本では、学者や研究者とは、何をもって研究する「資格」があると認められるのか。現代の日本では、大学や研究機関に所属するひとたちだけが、「本当の」研究者とみなされる傾向が強い。すなわち、給料をもらって研究に勤しんでいる「プロ」である。それに対して、教授などの身分をもたず、余暇に、あるいは趣味として勉強しているひとたちは、アマチュア、在野、民間学者などと呼ばれて明確に区別される。一方で、そうした区別に不満をもつ向きも少なからずあり、近年では独立系研究者という言葉まで生まれている。不満の原因のひとつは、大学の研究者のほうが偉くて信頼でき、在野のひとたちは劣っていて怪しいというイメージがあることだ。学問にも「お墨付き」が必要なのである。さらに複雑なことに、民間学が称揚され、自由で枠に縛られない理想の学問と評価されることもある。熊楠はまさにその代表例だろう。

歴史的な研究によれば、一九世紀までは学問が完全には制度化されておらず、アマチュアの活躍の余地があった。そして一九世紀後半から二〇世紀初頭にかけて専業＝プロの研究者が大量出現し、アマチュアも排除されていったとされる。しかし、そうした一方向的な発展史観は、いささか単純にすぎるように思える。

本書では、誰が学問を担い、とりくんできたかという問題を見ていくにあたって、イギリスと日本を比較することにしたい。その手がかりとして注目されるのが熊楠なのである。熊楠はイギリスで大学に在籍するかわりに、アマチュアたちの学問世界に入りこんで活動した。図書館、博物館、植物園、学術雑誌上での交流などが、熊楠の勉強法だった。一九世紀のイギリスではかならずしも大学の教員たち、すなわちプロの研究者の社会的地位が高くなく、アマチュアがおおいに活躍していた。そうしたなかで熊楠は東洋の専門家としての地位を築き、自信を付けて帰国した。ところが、日本で熊楠は高い壁に直面することとなった。大学の教授たちが、あまりに偉いのである。

明治の日本では、社会のさまざまな場面で「官」と「民」が分けられた。学問の世界も例外でなく、東京大学をはじめとした国の教育機関に所属しているか、そうでないかで大きな差があった。東大は政府と密接に結びつき、そのブレーンとしての役割をもち、官僚養成機関でもあったため、きわめて高い社会的位置づけが与えられていた。

わたしたちは「官」と「民」という対立構造を、自明のものとして受け入れてしまいがちだ。しかし、これに対応するような構造は、実はイギリスの学術界には存在しなかった。オクスフォード大学やケンブリッジ大学は国がつくったものでなく、政府の政策や経済を支えるお抱え機関でもない。そこでおこなわれる学問も、当然ながら官学とは異なるのである。

では、イギリスには学者のあいだの対立構造はないのか。たしかに、プロとアマの差はある。しかし、ここにも日本とイギリスで大きな違いがあった。日本の官学が国の後ろ盾をもった機関／研究者であるのに対して、一九世紀イギリスの大学は国と結びつかないプロの研究者たちが集まる場であった。日本とイギリスで超えがたいギャップがあることは容易に想像できるだろう。

このようなイギリスと日本の学術世界の差を、本書では熊楠という存在を通して解き明かしていきたい。日本からイギリスに渡った留学生は無数にいるが、多くは大学に在籍したため、熊楠のようにアマチュアの学問世界を目にしてきたケースは少ない。しかも、熊楠はそれをきちんと身に付けて帰国し、その結果として柳田国男《やなぎたくにお》と協力して日本の民俗学をスタートさせることができた。牧野富太郎や三田村鳶魚《えんぎょ》らとも学問的な交流を重ねた。大学時代の同級生だった夏目漱石《そうせき》とは、イギリスでも似たような環境で学問にとりくんだが、決定的に違った部分があった。熊楠を見ることで、近代日本の学問に新たな光があてられるのである。

そのうえで本書では、知的な活動に関わるひとたちを集団として捉えていきたい。科学や学問は突出した才能をもつ個人によってのみ担われ、進められるのではない。多数の同じような関心をもつ研究者が共存することで、初めて成立する。「熊楠的」な存在は無数にいたはずなのである。

すなわち、大学などの「プロ」の研究者と、在野の「アマチュア」の学者たちについて、両者をひとつながりのものとして描きだしたい。対立しつつも協力する場面があったなどという、中途半端な図ではない。アマチュアもプロに負けないほどすごかったなどという、使い古された定型の切り口でもない。両者の融合した科学／学問の世界と、その無限の豊かさと可能性を示すことが本書の目的なのである。

目次

在野と独学の近代

序章　学問におけるアマチュアとプロ

熊楠のアイデンティティ

南方熊楠（図0－1）は幕末に生まれ、第二次世界大戦中まで生きた生物学者、民俗学者である。近年では、日本で最初期に生態学を紹介、実践したことで「エコロジーの先駆者」としても評価されるようになっている。しかし、熊楠は在野の学者であり、一生をアマチュアとして過ごした。

熊楠は大学予備門（現在の東京大学）を中退後、一八八六年末に横浜を出航してアメリカへ向かい、サンフランシスコのパシフィック・ビジネス・カレッジとミシガン州立農学校に在籍するも、いずれも卒業はしなかった。なお、私費留学である。独学で植物研究にとりくみ、フロリダやキューバにも採集に出かけている。一八九二年九月にイギリスへ移ると、大英博物館、サウスケンジントン博物館（現在のヴィクトリア&アルバート博物館）、キュー・ガーデン（キュー植物園）などに出入りし、多くの研究者たちと交わった。イギリス時代には、人類学、民俗学、東洋学、科学史などに研究対象を広げていったものの、これらについても誰かから直接習ったことはない。大学にも在籍しなかった。

0－1　アメリカ留学時代の南方熊楠（南方熊楠顕彰館、田辺市）

二〇世紀に入る直前の一九〇〇年九月に帰国したのちも、熊楠は大学の教員になることはなく、地元の和歌山にこもって研究をつづけた。生物学の分野では、那智《なち》や田辺で変形菌（粘菌）やキノコを採集し、淡水藻や貝類のコレクションもつくりあげた。人文科学の研究としては、イギリスの学術誌である『ネイチャー』や『ノーツ・アンド・クエリーズ』に四〇〇篇近い英文論考を投稿するとともに、日本語でも『東洋学芸雑誌』『郷土研究』『太陽』『日本及日本人』などに多数の研究成果を発表した。そうしたなかで、柳田国男と日本の民俗学を創始し、牧野富太郎に植物標本を提供したこともあったが、「民」の立場を出ることは最後までなかった。

熊楠の生涯と学問は、アマチュア、在野、民、独学といった言葉で彩られている。しかし、イギリス時代と日本への帰国後とでは、そのアマチュアとしての立場に大きな違いが見られる。より正確にいうならば、周囲からの視線や評価にずいぶんな差があった。イギリス時代にはアマチュアの研究者として高く評価されていたのに、帰国後は大学の教授たち（すなわち、官学）に比べて劣った存在とみなされたのである。

これにいらだっていた熊楠は、ジャーナリスト、編集者の酒井潔が訪問したときに、自分は、

英国でいう文士すなわちリテラートだ。文士といっても小説家をいうのじゃない。つまり独学で叩き上げた学者を呼ぶので、外国ではこの連中がたいへんにもてる。ドクトルとかプロフェッサーとかいうのはラーネッドメンだ。英国のアカデミーなんかはこの文士と学者が半々くらいになっている。わしなんかはこの文士として英国ではもてたものだ（「南方先生訪問記」、『談奇』一九三〇年九月二五日号）

と漏らしている。ラーネッドメンとは、大学などで「learned ＝教育を受け」て研究者になったひとたちで、すなわちドクターやプロフェッサーといった大学教授たちをさす。日本では、そうしたひとたちこそが学問世界で重要な位置を占め、世間的な尊敬を集めていた。

これに対して、「英国」「外国」では、「独学で叩き上げた学者」が「もて」るというのである。もちろん異性からの人気ではなく、「もてはやされる」という意味だろう。そうしたひとたちは文士＝リテラートと呼ばれた。研究成果を書籍、論考、雑誌や新聞へのエッセイ

などの「文章」として発表するためである。熊楠はイギリスのリテラートをみずからと重ね合わせていたのであった。また、ラーネッドメンよりも社会的に高く評価されていることや、アカデミー、すなわち学会で両者が半々くらいに混じって活動しているとされる点にも注目したい。

現代の日本では、このような表現には違和感があるだろう。とても信じられない、と思うかもしれない。しかし、これが熊楠の実感だったのである。日本の高等教育を中途で放棄し、イギリスの学問世界でリテラートとなって帰国した熊楠は、強烈な疎外感を覚えていたのであった。

これを不遇だった熊楠の愚痴として聞き流してしまっては、見落とすものが多い。ここにはイギリスと日本の学問世界の違いをあきらかにするポイントが潜んでいる。オクスフォード大学とケンブリッジ大学は、日本の東京大学とは異なって、もともと国によらずに誕生した機関であり、現在に至るまで国立大学ではない（近年は、国から多額の補助金を受けているため、公立大学とみなされることが多い）。政府の管轄下にある部分は小さく、日本の学問における官学と在野という対立軸では理解できない。イギリスの科学や学問は、政府によって推し進められてきたものではないのである。

またイギリスでは、アマチュアは周辺的な存在などではなかった。むしろ、アマチュアが学問の中心となっていた。アマチュアの対義語はプロである。本書でいうプロとは、大学で俸給をもらって教えている教授たちをさす。当時のイギリスの学問世界でのアマチュアとプロの関係はどのようなものだったのか。アマチュアとはどんなひとたちであり、研究はどのようになされていたのか。その先に見えてくるものは、現在の我々がイメージするような「学問」や「大学」へ強力な揺さぶりをかけてくる。在野や独学といった概念についても、新しい視点が開けると期待されるのである。

ひるがえって近代日本の学問についても考えてみたい。従来の研究では、明治初期に政府が東京大学をつくったことで、学問の世界にも官と民の対立が生まれ、分かたれたまま進んできた、とみなす傾向が強かった。しかし本書では、後述する「官と民のあいだ」という視点を導入することで、近代日本の学問の在り方を再点検してみたい。官だけでなく、民だけでもなく、また民をやたらともちあげるようなことをもしない。

たとえば、牧野富太郎が日本のフロラ（植物相）をあきらかにしようとしたこと。あるいは、柳田国男が日本民俗学をスタートさせたこと。これらが「官と民のあいだ」の代表的な事例となる。そして、そこには熊楠が関わっていた。熊楠はイギリスのアマチュアによる学問の文化／方法を日本に伝え、実践した人物として位置づけられるのである。

本書では最終的に、従来とは異なった日本の学術空間の姿を浮かび上がらせることをめざす。さらには現在までつづく日本のアマチュアたちの活動へと接続し、独学や在野のもつ大きな可能性を導きだせないかと考えている。

なお、アマチュアとリテラートの差については、拙著『南方熊楠のロンドン』で詳述したので、そちらをご覧いただきたい。また本書では熊楠が本格的に研究者として活動を始めたイギリス時代以降を扱い、アメリカの教育制度や学術世界については適宜とりあげるに留める。

アマチュアとプロ、官と民

アマチュアというと、現在ではプロ、すなわち大学の教員とくらべて、一段落ちる存在で、「程度の低い」「生半可な」「素人」といったイメージがあるかもしれない。しかし、進化論のチャールズ・ダーウィンに向かって「素人」と呼んで馬鹿にするひとはいないだろう。実はダーウィンは、大学には所属せず、個人として研究にとりくみつづけた人物であった。そして熊楠が留学した一九世紀末のイギリスの学問世界では、むしろダーウィンのようなアマチュアのほうが尊敬されていた。大学の教授たちは、生活（俸給）のために学問をしているとみなされ、ときに蔑視されることすらあったのである。

アマチュアとプロについて、『オクスフォード英語大辞典』から見ておくと、アマチュアは第一に「愛好するもの」と定義される。ラテン語で「愛する」を意味するアマーレから派生した言葉なのである。そして第二に、「娯楽として学ぶ点で、プロと区別される」と説明されている。これに対してプロ（正確にはプロフェッション）は、プロフェス（信仰告白）という語がもとになっており、修道会に入る際などに、みずからの信仰を声に出して示すことを意味した。やがて、神学、法学、医学の分野で専門的な知識をもち、職業として携わっていることを「明言」しているひとたちがプロと呼ばれていく。そして一九世紀後半には、専門的な知識や技術を身に付けることで生計を立てているひとたちを広くさすようになったのである。

スポーツの例がわかりやすいだろう。一九世紀半ばから、イギリスではサッカーなどでプロ選手が出現した。お金をもらって「仕事」としてプレイする選手たちである。しかし、スポーツはもともと「気晴らし」という意味であり、あくまでも趣味や娯楽としておこなうべきものだった。そのため、アマチュアに対してプロは軽蔑された。オリンピックなどでずっと「アマ規定」が支配的で、プロの競技者が出場できなかったのも同じ理由による。

技量的な側面について付言すれば、アマチュアが大きく劣るというような見方には問題がある。たとえば日本の高校野球で甲子園に出るような選手、社会人野球のプレイヤーたちはアマチュアである。しかし、彼らはけっして「素人」ではない。そしてスポーツにくらべればあからさまでなかったものの、学問の世界でも同様の風潮が存在したのであった。なお、プロに類する語としてエキスパートがあるが、イギリスではあまり用いられなかったとされる。また、こちらは収入の有無には関わらない。

実際、一九世紀イギリスの学者たちは、大学に所属せずに研究をつづけた例が多い。ただし、ダーウィンのようなめだつ人物のみではなかったし、大金持ちだけが自由に学問ができたのでもない。アマチュアの研究者が市井にたくさんいたのである。どんな分野でも同じだと思うが、傑出した天才が突如として出現するわけではない。共通する関心をもち、地道にとりくむひとたちが大量にいることで、知識が集積され、方法論があみだされ、議論が積み重ねられ、研究状況が進展し、やがてダーウィンや熊楠のような巨峰が生まれるのである。本書は、突出した個人をとりあげたり、埋もれた在野の巨人を紹介したりするのではなく、無数のアマチュアたちを総体として見ることを目的とする。そして、むしろそのなかにダーウィンや熊楠を位置づけていきたい。

近年では、こうしたひとびとをつなぐインフラとして、雑誌というメディア／媒体が注目されるようになってきている。たとえば、現在でも世界最高峰の科学雑誌として知られる『ネイチャー』は、一八六九年に創刊されると多くの同好の士を集め、知のネットワークを形成した。こうした学術誌は多数の投稿があることで初めて成立する。そして誌面に出た情報や学説をもとに、活発な議論がおこなわれ、新しい研究が次々と生まれていく。有名／無名、アマチュア／プロの研究者たちが雑誌という場に集うことで、科学は進展していったのである。なおかつ『ネイチャー』のような学術誌は、およそあらゆる分野に存在した。

この時代のイギリスには大学は数えるほどしかなく、プロの研究者も多くはなかった。結果として、学術雑誌の投稿者にはアマチュアがめだち、学問や科学もそうしたひとびとによって進められた。なにより、オクスフォードとケンブリッジでは、教養を身に付け、人格を陶冶《とうや》することが最重要と考えられていた。「ジェントルマン」を養成するための教育機関なのであり、専門的な知識よりも人間性が重視されたのである。そのなかにあって知識や技術の専門家たる大学教授の地位が低かったのも仕方ないだろう（法律家は四法学院、医師は医学専門学校など、専門職として必要な知識はオクスフォード、ケンブリッジ以外の場所で身に付ける仕組みであった。この点は神学部にくわえて医学部と法学部を中心としたイタリアやフランスの伝統的な大学と異なる）。そのため、当時の学術空間は、多数のアマチュアのなかにプロの大学教員が交ざっていたというのが、正確な見取り図といえよう（先述の「南方先生訪問記」の出た一九三〇年には、もっとプロの比率が上がっていたと考えられる）。

さて、大学で専門的な教育が受けられないとしたら、学問を志すアマチュアたちは、どこで勉強したのだろうか。ダーウィンのように大学時代に教授と個人的に親しくなり、指導を受けた例もあるが、大部分は独学するしかなかった。しかも、次章でとりあげるダーウィンのような不労所得があるケースは例外で、ほとんどは仕事のかたわらで図書館に通うなどし、学術誌に自分の研究成果を報告していた。学問や科学はそうしたひとびとによって支えられていたと考えられる。本書で、個人ではなく集団に注目していきたいというのは、そういうことなのである。

アマチュアを支えたシステム、インフラについてもとりあげる。一九世紀のイギリスでは、雑誌のほかに図書館や博物館、動物園、植物園、美術館といった施設が整備され、また郵便制度が発達した。それによって、ひとびとは勉学に励み、交流し、論文を投稿できるようになった。これらも欠かせない要素である。

もうひとつ考えてみたいのは、彼ら彼女らアマチュアたちが、なんのために研究に励んでいたのかである。明治期の日本で東大の学生が研究にとりくんだとしたら、業績と学歴を積み重ねて、教授というポストに就くことが目標であった。あるいは、柳田国男のように、官僚となって国家や国民に奉仕したいという意識もあったかもしれない。これらは官学／官である。一方で民間にあって個人的（企業もふくむ）に研究に邁進《まいしん》した場合は、私的な研究であり、私的な利益をめざすとみなされた（結果として国家への奉仕となったというストーリーに回収されるケースも少なくないが）。「国」と「私」とが完全に分けられており、官と民の溝を深くした。

これに対して、イギリスの場合には、「公」「公共」という概念が手がかりとなる。個人の私的な関心や目標が、多くのひとびとに共有され、やがて全体の利益につながるような状況のことである。国家の利益と切り離せない「官」とは異なるものだが、日本ではいまひとつ理解が進んでいない。牧野や柳田の活動には、一種の「公」的な特徴があり、この点も「官と民のあいだ」という視点から考察する。

日本とイギリスをつなぐ熊楠

熊楠がイギリスで学んだ学問に、大学で研究されている分野以外のものがふくまれていた点は重要だ。人類学（民族誌、民族学）や民俗学（フォークロア研究）は、当時ようやく形を整えつつあったジャンルであり、大学ではまだ正課として確立されていなかった。たとえば、創始期の人類学・民俗学を代表するジェイムズ・フレイザーがケンブリッジのトリニティ・カレッジの教授に就任したのは、ようやく一九二一年のことである（一八七九年から、研究員にあたるフェローになっている）。しかし、大学の外ではずっと早い時期から活発に研究がおこなわれていた。アマチュアの研究者はたくさんいたし、学会や専門誌がつくられ、多数の書籍が出版されていた。熊楠の遊学時には、市井でしか学べない学問だったのである。すなわち、日本からの正規の留学生が学んで帰るような分野ではなかった。結果として、柳田国男が日本で民俗学を始めようとしたとき、熊楠が重要な役割をはたすことになる。

熊楠はイギリスで過ごした約八年間で、アマチュアによって進められている学問とその方法論を身に付けたのであった。人類学、民俗学、心霊科学、生態学など、大学では未整備の新興学問分野に挑戦し、帰国後は東京や京都ではなく、和歌山で暮らした。必然的に熊楠の立場はアマチュアとならざるを得ない。イギリスで実体験してきたアマチュアによる学問の在り方を、帰国後も貫こうとしたのであった。

「官と民のあいだ」の学問

日本では明治初期の東京大学の創立によって官学が成立し、政府の意向を強く汲みながら、研究と教育がおこなわれてきた。社会のあちこちで官と民という対立構図が発生し、学問の分野も例外ではなかった。慶應義塾をはじめとする私学は早くから存在したが、一九一八年の大学令までは厳密には正式の大学と認められておらず、京都帝国大学が開学して東大以外の「官学」ができるのも一八九七年のことである。すなわち、ある時期まで官の側で学問をしたひとたちの数はきわめてかぎられた。

官と民をはっきりと区別するのが従来の研究史であった。官の学者たち、すなわち東大の教員とほとんどイコールであるものたちが中心となって、学問を牽引《けんいん》してきたと考えられてきたのである。他方、第二次世界大戦後には、対抗する民の側へ注目が集まり、在野、アマチュア、独学、民間学のひとたちがはたした役割が強調されるようになった。熊楠への評価も、まさにそのようなかで出てきたものである。しかし、多くの場合は官に対するアンチテーゼ程度に留まっているのも事実だ。また、独学、在野、民間学の称揚という視点は、使い古された印象が拭えない。

それに対して本書では、日本のアマチュアたちを見るにあたって、「官と民のあいだの学問」という視角を提案する。もちろん官だけで動いていった／官にしかできない学問分野もあるが、たとえば牧野富太郎の植物分類学や柳田国男の民俗学は、官と民という要素が絶妙に入り混じることで成功したと考えられる。ただし、牧野と柳田を突出した孤峰と捉えるのではなく、無数のアマチュアの協働という視点から見ていく。意外に思うひともいるかもしれないが、牧野も柳田も「官」の色合いを強くもった人物であった。そうした人物が中心におり、無数のアマチュアをまとめたからこそ、大きな仕事がなしえたと考えられる。イギリスとは異なる、日本でのアマチュアたちの成功の図式と位置づけられるのである。しかも、いずれも熊楠という視点を導入することで、くっきりと見えてくるものがある。

千里眼事件によって東大を追われた超心理学者の福来友吉《ふくらいともきち》も、興味深い人物だ。一般には、東大追放後の活動は知られておらず、研究者人生も「終わった」と思われがちだが、まったくそんなことはなかった。福来については、「民」となって以降を追っていきたい。

江戸からの学問の継続と発展も、本書の重要なテーマである。江戸期に「官」にあたる存在であった大名や武士は、殿様博物学と呼ばれるように、学問の世界で重要な位置を占めた。明治以降に彼らはどうなったのか。本書では、熊楠と交流のあった紀州徳川家の徳川頼倫《よりみち》と、八王子同心の子孫であり、江戸風俗研究者として活躍した三田村鳶魚をとりあげる。頼倫も鳶魚も、明治になってから生まれた人物である。かつての公的な立場や権力を失っていた彼らにとって、学問はどのような意味をもったのか。

以下、本書では熊楠を案内役とし、雑誌、辞書、事典といったシステム／インフラを扱いながら、イギリスと日本の学問世界を多数のアマチュア学者という視点から探っていく。現在の日本では、大学の学問が急速な衰退の危機にさらされ、他方で独学に大きな注目が集まっている。そのなかで学問にとりくむ意味や目的を、改めて考えてみたい。

第1部　イギリス

第1章　ダーウィン――学問は大学だけのものにあらず

もっとも有名な科学者

チャールズ・ダーウィン（一八〇九～八二年、図1－1）を歴史上もっとも有名な科学者と呼んでも、反対するひとは少ないだろう。進化という言葉は、現代日本でも頻用され、ダーウィンの名を冠したテレビ番組すらある。誰もが知っている、お馴染みの人物なのである。

しかし、生前のダーウィンに「あなたは有名な科学者（＝サイエンティスト）ですね」と言ったら、おそらく怒りをあらわにしただろう。当時と現在とではサイエンティストの意味にずれがあり、ダーウィンのアイデンティティとしては、サイエンティストとは思ってもいなかったはずなのである。サイエンティストとは、職業としての科学者をさし、大学なり研究所なりで給料をもらって研究しているひとたちを意味する。歴史的には、一九世紀半ばに職業集団としてのサイエンティストがあらわれたとされ、以後、急速にその数と存在感を増していった。

ダーウィンは、生活のために研究する立場にあったことは一度たりともなかった。大学教

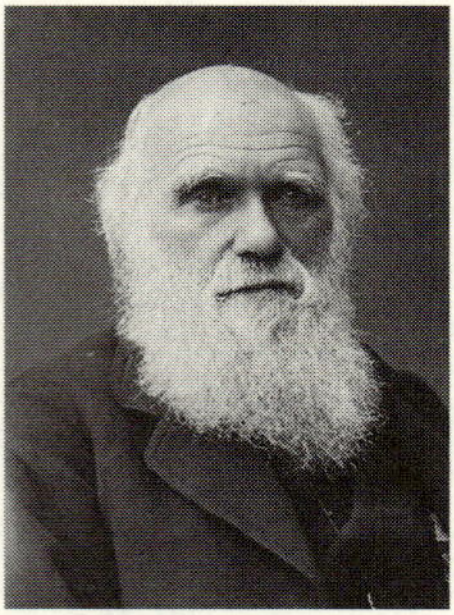

1－1　チャールズ・ダーウィン

授として教壇に立ったことも、研究所のスタッフとして与えられた課題にとりくんだこともない。ビーグル号での航海も、俸給をもらうどころか、自費での乗船であった。現在では、科学者といえば、大学や研究機関の所属メンバーのみをイメージし、自力でとりくんでいるひとたちはふくめないことが多い。ところが、本書で扱っていくように、一九世紀のイギリスでは、大学などに所属する研究者のほうが数が少なく、社会的地位も低かった。現在ではアマチュア、在野と呼ばれるようなひとたちのほうが、より重要であり、世間からの尊敬を集めていたのである。

熊楠は、アメリカ留学中の一八九〇年一月一七日、アリストテレス、プリニウス、ライプニッツ、ゲスナー、リンネ、ダーウィン、ハーバート・スペンサー、新井白石、滝沢馬琴の九人の名を壁に掲げ、「自ら鑑み奨励するの一助となす」と記した（図1－2）。人生の目標とすべきひとたちを並べたものであり、熊楠はダーウィンをめざしていたといえる（厳密には、この九人を総合したような人物になりたかったというべきか）。

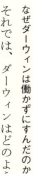

なぜダーウィンは働かずにすんだのか

それでは、ダーウィンはどのような立場にあったのか。なぜ生活の糧を得るために働く必要がなかったのか。端的に言ってしまえば、ダーウィンには莫大な不労所得があった。しかし、貴族だったわけではない。イングランドでは一九世紀初頭の段階で、爵位を有する貴族は二〇〇家族ほどしかおらず、ヨーロッパでも少ないほうだった。そして貴族にくわえて大土地所有者たちがおり、これらのひとびとが上流階級を構成していた。イギリスでは伝統的に、土地から収入を得ていることが上流階級の証となっていたのである。

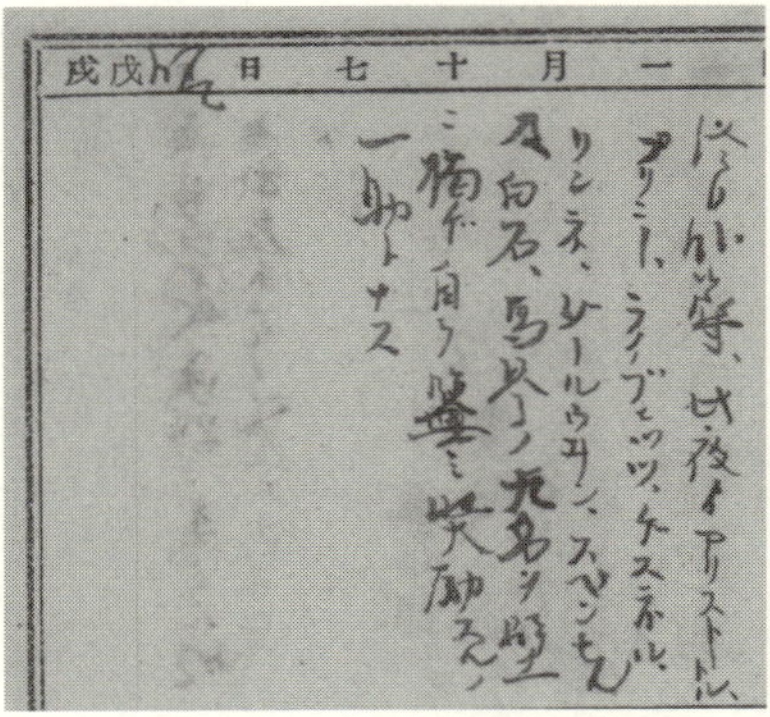

1－2　1890年1月17日の熊楠の日記。3行目にダールウヰンとある（南方熊楠顕彰館、田辺市）

しかし、一九世紀が進むにつれ、中間層であるミドルクラスが社会的存在感を増し、とくに専門的職業に就くことで成功を収めるひとたちがめだつようになる。医師や法律家に代表される「専門職プロフェッション」と呼ばれる層である。彼らはみずからの専門的知識と技能で成功すると、やがて有価証券や投資で収入を得ていくようになる。ダーウィン家も、まさにそのようにして富を築いた家であった。

チャールズ・ダーウィンは一八〇九年、イングランド西部のシュルーズベリに生まれた。ウェールズとの国境に近い小さな町である。祖先をたどっていくと、イングランド東部リンカンシャの富裕なヨーマン（独立自営農民）の家系にいきあたる。古い歴史をもち、経済的に恵まれていたとはいえ、爵位をもつ貴族でも大土地所有者でもなかった。

ダーウィンの父は、開業医のロバート・ウェアリング・ダーウィン。母はスザンナ。ただ、より有名なのは父方と母方の祖父二人だろう。父方の祖父のエラズマス（一七三一〜一八〇二年）も医師であり、本業のかたわらで科学や発明に熱中し、風車、馬車、蒸気機関の改良にとりくんだ。リンネの植物分類に関心をもち、『植物の経済』（一七九一年）という詩集も出版している。進化論のもととなるような考え方に行きついていたともされる。

エラズマスは、バーミンガムのルナ・ソサエティという科学愛好グループで活動した。ルナ・ソサエティは一七六〇年代半ばに結成され、毎月の満月に近い月曜の午後に研究会を開いた（ルナ・ソサエティという名称になるのは一七七五年）。会員である科学や実験好きのジェントルマンたちは大学の教員ではなく、いずれも市井にあって学問に関わるひとびとであった。酸素の発見で知られるジョゼフ・プリーストリ、蒸気機関のジェイムズ・ワット、ワットの蒸気機関を採用した製鉄業者のマシュー・ボールトンらがおり、ベンジャミン・フランクリンが訪英中に参加していた時期もある。一九世紀イギリスの科学には、このように社会的・経済的に余裕のあるアマチュアが趣味的に楽しむ側面があった。

ルナ・ソサエティには、陶磁器で有名なウェッジウッド社の創業者であるジョサイア・ウェッジウッドもくわわっていた。そしてエラズマスとジョサイアが意気投合した結果、二人の子どもであるロバートとスザンナが結ばれ、そのあいだに生まれたのがダーウィンだったのである。

ウェッジウッド家の血を引くだけでも経済的な心配はなさそうだが、一方のエラズマスも医師として成功し、非常に裕福だった。さらにダーウィンの父のロバートも開業医としての腕前にくわえ、投資によって財産を殖やした。シュルーズベリを開業の地に選んだのはロバートで、はじめは町の中心に医院を開いたが、やがて町外れの丘の上に屋敷を構えて通うまでになった。ダーウィンはきわめて富裕な家庭に生まれ育ったことになる。

ダーウィンの兄のエラズマス（祖父と同名）はケンブリッジ大学在学中に、いったんエディンバラに移って医学校（大学外のもの）に通い、またケンブリッジに戻って大学を卒業し、内科医の資格を得た（後述）。しかし、開業することはなく、一生を働かずにすごした。

医師ではない道へ

ダーウィンは、地元のパブリックスクールであるシュルーズベリ校の在学中から、博物学に強い関心をもっていた。ギルバート・ホワイトの『セルボーンの博物誌』（一七八九年）を愛読し、鉱物収集に熱中し、バードウォッチングに打ちこみ、化学実験にあけくれた。

一八二五年、一六歳になったダーウィンはエディンバラ医学校（エディンバラ大学に所属する機関。兄とは別の学校）へ医師になるために送りだされた。エディンバラでは海洋生物の採集にめざめ、プリニウス博物学協会に所属して活動した。この会は一八二三年に設立された学生たちによる研究会で、博物学や考古学の好きなメンバーが集まっていた。

一方で医学生としては落第だった。病院で外科手術を見学する授業が二回あったものの、途中で気分が悪くなり、いずれも退出してしまったのである。これが医師の道を諦める決定的な理由になったという。狩猟に熱中して学業をおろそかにしがちでもあり、一八歳のときに将来設計を組み立てなおすことになる。兄のエラズマスから、莫大な財産と収入があるのだから、一生働く必要はないと聞かされていた、とも伝わる。

ここで当時のイギリスの「医師」について、説明しておく必要があるだろう。イギリスではかつて内科医と外科医とが明確に分けられた。ダーウィン一家はすべて内科医である。内科医はオクスフォードかケンブリッジで学ぶことが多く、大学卒業の資格を得たうえで、内科医師会の認可を受けて開業する。しかし、大学では教養教育が中心で、解剖実習といった実地的な授業は開講されていなかった。そのため、ダーウィン兄弟のように、大学とは別の医学校に通い、医師としての知識と技能を身に付けなければならなかったのである。このあたりは現代日本の医学教育のイメージからは、かけ離れているかもしれない。

さて、医師という将来に限界を感じたダーウィンはケンブリッジ大学へ移り、牧師をめざすことにした。牧師は社会的にレスペクタブル（尊敬される）な職業とされ、薄給であるものの、仕事は忙しくないことが多く、自分の好きな研究に打ちこむには最適であった。実際、ギルバート・ホワイトをはじめ、イギリスの博物学者には聖職者が少なくない。しかも、イングランド国教会の牧師になるには、神学など専門の教育課程や試験は必要なく、オクスフォードかケンブリッジの卒業のみが要件であった（学部も問われない）。

大学教授という身分

ケンブリッジでダーウィンは、植物学者のジョン・S・ヘンズロー（一七九六〜一八六一年、図1−3）を知り、熱烈な信奉者となった。講義に出席し、野外実習に参加し、つねにべったりと寄り添うさまは、「ヘンズローとともに歩くもの」とあだ名を付けられるほどだったという。やがてヘンズローはダーウィンに博物学者になることを勧める。ただし、大学教員になるのではなく、アマチュアとしてやっていく道を示した。そもそも博物学者とは、医師や弁護士とは異なり、それだけで収入を生むような「職業」ではない。本業をほかにもち、余暇に趣味として研究する博物学者がたくさんいた。熊楠にしても、博物学者として広く知られるものの、家計は実家や支援者／パトロンに頼りきりであった。

ヘンズローを例にして、当時の大学教授という立場について確認しておきたい。ヘンズローは一八一八年にケンブリッジを卒業したのち、一八二二年に鉱物学教授に就任した。しかし、一八二五年に植物学教授職が空席になると、そちらに移っている（一八二七年まで兼任）。植物学者としては『イギリスの植物目録』（一八二九年）を手がけており、一八三一年にケンブリッジに大学植物園ができたのも、ヘンズローの働きかけによるものであった。

1－3　ジョン・S・ヘンズロー

しかし、大学教授はけっして儲かる職業ではなかった。ヘンズローは鉱物学教授時代の一八二四年に聖職者の資格を得て、ケンブリッジのセント・メアリ小教会堂の副牧師（キュレート）になっている。大学教授の身分を保持したままの就任であった。教授職の俸給はきわめて少額で、ほかに収入の道を探さなければいけなかったのである。一八三七年にはサフォークのヒッチャムの主任司祭（レクター）となり、年額一〇〇〇ポンドの聖職禄を得た。一八三九年にはヒッチャムに移住し、ケンブリッジには植物学の講義のときだけ通うようになる。大学ではなく、次第に聖職者としての仕事を中心としていったのである。

ヘンズローが最初は鉱物学の教授だったのを不思議に感じたひともいるだろう。たしかにヘンズローには、リン酸塩の鉱脈を発見するなど、鉱物学の業績もある。しかし、現在なら鉱物学の教授が植物学に移るなど、とても考えられない。実は当時は、かならずしも本人の専門分野と職位が一致している必要はなかった。死亡や異動や引退によって職位があくと、分野にかぎらず立候補者たちが名乗りを上げ、学内の投票によって選出される仕組みだった。特定分野の専門的な知識よりも、コネであったり、大学教授というグループに参入するにふさわしい人物かどうかの判断が、当選の決め手だったとされる。

一八一九年にヘンズローとともにケンブリッジ学術協会を設立したアダム・セジウィック（一七八五～一八七三年）についても見ておこう。ダーウィンの地質学の師としても知られる人物である。セジウィックは一八一〇年にトリニティ・カレッジのフェローに就いたあと、一八一八年に地質学教授職が空席になると、立候補して獲得した。ところが、セジウィックの専門は地質学でなく、数学と神学であった。地質学に携わるのは、教授職に就いて以降となる。やがて地質年代の研究にとりくんで、デボン紀の命名者となるなど活躍するものの、地質学教授職の俸給は年額一〇〇ポンドであった。それだけでは、とても食べていけない。生活に苦しんだセジウィックは講義（個別に授業料を課すもの）を開いて収入を増やそうとした。当時の大学では、教授のポスト自体に俸給が設定されていたほか、それとは別に授業を開くことが可能で、大勢の受講者が集まればよい収入となり、人気とりのような「楽しい」授業もあったらしい。なお現在では、大学でいくら学生の集まる授業をしても、給料は増えない。

セジウィックも、ヘンズロー同様に聖職位を探した。一八一八年に司祭となり、一八二五年にケンブリッジ近郊の農村の牧師補（ヴィカー）に就任する。一八三四年にノリッジ大聖堂の参事会員に選ばれたのちは、ノリッジで年に二ヶ月の業務をおこなって年間六〇〇ポンドの聖職禄を受けとった。

このように教授職はかならずしも当人の専門分野とは関係ないのみならず、収入面でも魅力が少なく、それだけで暮らしていけるような職業ではなかったのである。なんとかして副収入の道を見つけなければ、寄宿式の学寮を出ることすらかなわず、結婚も不可能だった。

そのため、大学の研究職をあっさり捨て去るケースも見られた。天文学者ウィリアム・ハーシェルの息子に、ジョン・ハーシェルという人物がおり、その著作の『自然哲学研究序論』（一八三〇年）はダーウィンも愛読したことで知られる。ハーシェルは一八一三年にケンブリッジのセント・ジョンズ・カレッジのフェローとなり、同年、ロイヤル・ソサエティの会員にも選ばれた。しかし、母の遺産がたっぷりあったため、一八二九年にフェローを辞し、以後は大学を離れて研究に専念する生活へ切り替えてしまう。大学教員は、しがみつくべき「名誉ある立場」でもなかったらしい。

大学の仕組みについてもう少し説明しておくと、オクスフォードとケンブリッジは、全体がひとつの組織というよりは、多数の小さなカレッジの集合体として形成されている。トリニティ・カレッジやクライスツ・カレッジといった名前を聞いたことのある読者もいるだろう（二〇二四年現在、オクスフォードには三八〔十六〕、ケンブリッジには三一のカレッジがある）。カレッジの教員はフェローと呼ばれ、独身が義務づけられ、原則としてイングランド国教会の聖職者にならなければならなかった。生活も各カレッジの学寮内で送ることと決められていた。

学生たちもカレッジに所属し、カレッジのフェローの個人指導（チューートリアル）によって、学部の卒業試験に合格することをめざす。他方、学部はカレッジをまたいで存在し、そちらに所属しているのが教授なのである。俸給は得ていたものの、講義の開講の義務はなかった。フェローと教授を兼ねる例もあった。

ヘンズローらが教授職に就く際に、専門分野でふるいにかけられなかった点は、現在からすると信じられないかもしれない。しかし、一九世紀イギリスの大学教育では、専門性は求められていなかった。大学はジェントルマンが社会に出るための準備期間として位置づけられていた。ジェントルマンは総合的に優れた人格を備えるべきであるとされ、偏りや極端さは嫌われた。そのため、大学教育は実用的であってはならず、いかなる専門的知識も身に付ける必要がないと考えられたのである。

専門家である教授たちへの評価が高くなかったのも当然であろう。学問を「飯の種」にしているため、軽蔑されることすらあった。「末は博士か大臣か」といわれた明治期の日本と違って、大学教授という集団の社会的地位はけっして高くなかったのである。

オクスフォードやケンブリッジに行けば、専門的で高度な教育が受けられるわけでもなく、実際、熊楠はイギリスに八年もいながら、どちらも訪れたことがない。夏目漱石も政府の命で留学したにもかかわらず、大学には所属せずにロンドンで二年あまりを過ごした。このことは熊楠の学校嫌い、漱石の経済的問題といった理由では片付けられず、どこで学問をするのがもっとも有益で効率的かという問題に関わってくる。結果として、熊楠が選んだのは大英博物館やサウスケンジントン博物館であり、漱石は個人教授を受けることにしたのであった（第2章で詳述）。

そもそもイギリスでは、中世〜ルネサンス期以来、大学は七つしかなかった。イングランドのオクスフォード大学とケンブリッジ大学、スコットランドのエディンバラ大学、グラスゴー大学、セント・アンドリューズ大学、アバディーン大学、アイルランドのダブリン大学である。大学が少ないことで、大学教授という職業集団も小規模に留まった。社会のなかで小さなグループでしかなく、彼らだけでは科学／学問は担いえない。そのため、本書で見ていくように、より広範なひとびとの活動が必要だったのである。なお、大学の仕組みや、教員の位置づけは複雑であり、日本とも大きく異なる。本書では、詳細に立ち入らないが、関心のある読者は、安原義仁『イギリス大学史』などをあたられたい。

もうひとり、ウィリアム・ヒューエル（一七九四〜一八六六年）にも触れておきたい。ヘンズローが一八二五年に植物学教授に移ったとき、後任として鉱物学教授となった人物である。ヒューエルは科学哲学者で、ケンブリッジで一八二八〜三二年に鉱物学教授、一八三八〜五五年に道徳哲学教授を務めた。一八三一年に、ロイヤル・ソサエティで査読制度を導入したことでも知られる。ヒューエルは一八三四年に、職業として科学に携わるひとたちをサイエンティストと呼ぼうと提案し、これが英語でのサイエンティストという言葉の始まりとなった。以後、当否をめぐる議論はありつつも、この語と、職業的科学者という存在は急速に広まっていく。

「ロンドンに出る」という選択

牧師になるためにエディンバラからケンブリッジに移ったはずのダーウィンだったが、結局、聖職者の道には進まなかった。ケンブリッジを卒業したダーウィンは、ビーグル号での航海を経て、一八三七年からロンドンで暮らすことを決める。といっても、ロンドンで働きはじめたわけではない。実際、ダーウィンには働かずに好きなことができるだけの収入が約束されていた。父から年に四〇〇ポンドの生活費（セジウィックの大学教授としての俸給の四倍！）をもらっており、結婚後はさらに増額された。くわえて、株や債権への投資でも着実に利益を上げていた。一八四八年一一月一三日に父のロバートが亡くなったときには、約二〇万ポンドという巨額の遺産があり、そのうち約四万五千ポンドを相続している。兄のエラズマスから囁《ささや》かれたとおり、一生、食うに困らない財産があったのである。

弟より先にロンドンで暮らしはじめていたエラズマスは、さまざまな文化グループに参加しており、その紹介でダーウィンも地質学会や地理学会に出入りするようになる。多くの場合、こうした学会の会員になるには、すでに入会しているメンバーによる推薦が必要だった。その点でダーウィンは、祖父や兄をはじめとした家系の恩恵を受けられた。ロンドン地質学会への入会に際しては、ヘンズローとセジウィックに保証人になってもらっている。当時も現在も、イギリスは日本など比較にならないようなコネ社会であり、科学や学術的な分野も例外ではなかった。

1－4　バーリントン・ハウス（Steve Vidler/アフロ）

ダーウィンがロンドンを選んだことは、つい当たり前と受けとってしまいがちだが、よく考えてみると不思議だ。イングランドの大学といえばオクスフォードとケンブリッジであり、ロンドンにはずっと大学が存在しなかった。ロンドン大学が設立されるのは、ようやく一八三六年のことである。大学の教員たちは、一般に職場（＝大学）のある土地に縛られ、そこで生活している。とくにイギリスでは教員が原則として学寮内に住みこむシステムをとった。そしてオクスフォードもケンブリッジも、ロンドンから一〇〇キロ近く離れている。

つまり、ロンドンには大学教授たちがいないはずなのである。しかし、イギリスの科学団体の中心であるロイヤル・ソサエティは、ロンドンに本拠地を構えている。ロンドン中心部のピカデリーにあるバーリントン・ハウス（図1－4）は「学会のメッカ」とでも呼ぶべきところで、リンネ協会、地質学会、化学会、天文学会、アンティカリ協会、それからロイヤル・アカデミー・オブ・アーツが入っている。ほかにも多数の学会や研究会がロンドンに所在し、無数の学者がロンドンに集まっていた。これはどういうことなのか。

もちろん、現在ほど教授たちが大学に縛られていなかったのは事実である。すでに見たようにヘンズローらは聖職禄のある土地に住んだし、ケンブリッジの数学教授だったチャールズ・バベッジがまったく講義を開かず、ロンドンに私邸を構えたような例も知られている（バベッジ邸での集まりには、ダーウィンもしばしば参加した）。前述のように講義は義務ではなかったので、現在の日本の教授たちと異なり、毎日のように大学に行く必要はなかったのである（だから、俸給が安かったともいえる）。

しかし、なにより重要なのは、科学を担っていたのが、大学教授だけではなかったという点である。大学に所属しない研究者が、イギリスの科学界には大勢いた。ダーウィンと同じように働く必要なく科学に携わる富裕なひとたちもいたし、本業をもちながら、趣味として励むものもいた。先に触れた「専門職プロフェッション」の聖職者、法律家、医師、高級官僚などにくわえて、博物館員、図書館員、会社経営者などにも科学研究に熱中するものが少なくなかった。

こうしたアマチュアたちがイギリスの科学、学問を支えていたのである。そのなかには女性もふくまれ、彼ら彼女らが一体となって学術空間を構成していた。すなわち、アマチュアが主であり、大学教員はそのなかに包含されていたとみなしたほうがいいだろう。

ロイヤル・ソサエティと、大学以外の研究機関・教育機関

ロンドンの科学者たちの集まりとしては、まずロイヤル・ソサエティが挙げられる。一六六〇年に数学者のジョン・ウォリスらによって結成され、以後、イギリス科学界の中心として機能してきた。ボイル、フック、ニュートン、ハレー、バンクス、フッカー、トマス・ハクスリ、クルックス、ラザフォードなど、著名な科学者は残らずといっていいほど所属している。創立以来、本部はロンドンを離れたことがない。

序章で、イギリスの科学や学問は国の主導でおこなわれてきたのではないと述べた。ロイヤル・ソサエティも国や政府による設立ではなく、民間のひとびとによってつくられた団体であった。ロイヤルと付き、日本語で王立協会と訳されるのは、一六六二年にチャールズ二世による認可が与えられた（そのため、王認協会と訳されることもある）からである。ただし、経済的基盤が与えられ、国の機関となったわけではない。王が庇護者／後ろ盾になったとい

うのが正確なところだ。
一八五〇年には政府から補助金が支出されるようになったものの、現在まで民間の科学団体のままでありつづけている。このあたりは、一六六六年に財務総監コルベールの提言にもとづき、ルイ一四世によって官設されたフランスの王立パリ・アカデミーや、ルイ一三世のもとで宰相リシュリューによって一六三五年につくられたアカデミー・フランセーズ、そして一八七九年に東京学士会院として設立された「国立アカデミー」である日本学士院とは大きく異なる。

ロイヤル・ソサエティは、一七世紀に自然哲学（機械論哲学）が発達してきたとき、旧来の大学の知的伝統に反発するひとびとが集まって結成された組織であった。進歩的なロイヤル・ソサエティと、守旧的なオクスフォードおよびケンブリッジという図式である（大学からロイヤル・ソサエティに参加したメンバーもおり、単純な二項対立とはいえないが）。すなわち、大学の権威による学術団体でもなかった。アマチュア的な色合いが濃い団体なのである。

ダーウィン家は、ロイヤル・ソサエティとつながりの深い一族であった。祖父のエラズマスは一七六一年に会員に選ばれ、父のロバートも一七八八年に選出された。そしてダーウィンはもちろん、その息子たちのうちの三人、さらに孫が一人、会員となっている。しかし、エラズマスやロバートがロンドン在住ではなかったように、ロンドンを中心としつつも、全国に会員がいた（このようなネットワークに関しては、第3章で詳述する）。

イギリスの科学や学問が大学とは別の場所で発展していったこと、そして大学と異なって広くアマチュアに開かれていたことは重要だった。そのために熊楠のような異分子をもとりこみつつ、イギリスの学問は大きく花開くことができたのである。

もうひとつ確認しておきたい点がある。イギリスには、オクスフォードやケンブリッジといった大学以外の教育機関／研究機関が存在し、そこに所属する研究者たちがいた。こうした機関については、日本ではあまり知られていないが、イギリスの学術空間を語る際には、見落とせない。

オクスフォードとケンブリッジには、もともとイギリス国教会の信徒の男性でないと入学できず、一八七一年のルール撤廃後もすんなりと開放が進んだわけではなかった。そのため、非国教徒はスコットランドのエディンバラ大学へ進むなどしたほか、独自にアカデミーを設ける例があり、ジョゼフ・プリーストリが教えたランカシャのウォーリントン・アカデミーなどが知られている。ロンドン大学も同様にして設立された機関であった。

恐竜研究で知られるリチャード・オーウェンは、外科医・薬剤師の徒弟から出発し、エディンバラ大学で医学を学んだのち、王立外科医師会のハンテリアン博物館長のウィリアム・クリフトの助手となった。やがて王立外科医師会のハンテリアン教授、博物館長を経て、一八五六年に大英博物館の自然史部長に就任した。オーウェンは、あれほど有名でありながら、オクスフォードやケンブリッジの学歴・職歴はもたないのである。オーウェンは、ダーウィンがビーグル号の航海で持ち帰った動物標本を分類調査したことでも知られる。

王立外科医師会のように独自の教授職をもつ組織は少なからずあり、進化論の過激な擁護者として「ダーウィンの番犬」と恐れられたトマス・ハクスリは、海軍軍医ののち、ロンドンの王立鉱山学校の自然史講師となった。ほかにも、動物学者のセント・ジョージ・ジャクソン・マイヴァートはロンドンのセント・メアリ病院の医学校の教授だったし、キュー・ガーデンや大英博物館にも研究者がいた。さらに、インナー・テンプルなど四つの法曹学院があり、法律家の養成機関となっていた。日本の「教授」や研究者が大学と強く結びつけられているのとは、だいぶ違った状況が一九世紀のイギリスには広がっていたのである。そして、このような研究者たちがロンドンにいたことの影響は大きかった。彼らはロンドンが学問の中心地として機能するにあたって、重要な役割をはたしたといえる。

熊楠とダーウィン

熊楠がいつダーウィンの名を知ったのかはわかっていない。大学予備門時代に、エドワード・モースの講義を石川千代松がまとめた『動物進化論』（一八八三年）を購入し、勉強したのが始まりといわれる。この本は熊楠旧邸に隣接して開設された南方熊楠顕彰館に現存する。ただし、熊楠が予備門に入学したときには、モースはすでに日本を離れていたため、直接習うことはなかった。

アメリカ留学中の一八八八年五月九日の日記には、「終日家居、オリジン・オフ・スペシイスを読む」とあり、『種の起源』を読んでいる。二四日には「夜大坪氏室にてハックスレー氏オリジン・オフ・スペシースを読む」として、ハクスリの解説書を使いながら理解を深めていった。ほかにも同時期に購入した『ビーグル号航海記』が現存する。熊楠はアメリカ時代にダーウィンへの理解を深め、その生き方に憧れていったのだろう。

ダーウィンとその進化論は、熊楠の生涯を通しての「科学」の基礎となった。論考にも、しばしばダーウィンや進化論への言及が見られる。一八九三年一〇月一二日の『ネイチャー』に出た「動物の保護色に関する中国人の先駆的な観察」では、動物の保護色を「ダーウィン的な見解」と記し、進化と適応の例としている。このほかに「ダーウィン流の議論の連鎖」（一九〇七年四月二八日投稿）という『N&Q』への草稿がある。一九〇五年八月二六日の『N&Q』で、D・Mというイニシャルのみの投稿者が「イギリスの兵士が筋骨たくましいのはマトンをたっぷり食べているから。マトンはとびきりのクローバーから、クローバーは……」という、「風が吹くと桶屋が儲かる」式の言葉遊びについて、ダーウィン起源らしいのだが、と質問したのに対して、一九〇七年四月二八日に『韓非子《かんぴし》』にある類例を書き送ったものだが、掲載されなかった。ちなみに、セント・スウィシンという投稿者によれば、『種の起源』の、猫が増えると鼠《ねずみ》が減る、鼠が減ると（鼠に巣を壊されることがなくなるので）マルハナバチが増える、マルハナバチが増えると（花粉を媒介するので）クローバーが増えるという生態系の仕組みを説明した箇所がもとになっているらしい。

ほかにも、やはり『N&Q』に出た「猫のフォークロア」（一九一六年三月二五日号）では、「わたしの記憶が正しければ、チャールズ・ダーウィンは『種の起源』か『人間の進化』のなかで、動物の特性における偶発的相互関連の実に不可解な例として、青い目の白猫はみな耳が聞こえないという事実を挙げている。余人が記録しているかどうか知らないが、わたしはイギリスに八年間滞在したおり（一八九二〜一九〇〇年）、ある種の猫にそのような相互関係をしばしば観察した」と記している。

一八九四年三月一九日の真言僧の土宜法龍《どぎほうりゅう》に宛てた書簡では、仏教の因果説は釈迦の独創ではないと主張するにあたって、進化論が援用されている。進化も一種の変化（因果）と解釈できると述べ、「ダーウィンの生物変化」を示すのである。一九〇一年八月一六日の書簡でも、進化と輪廻《りんね》が重ねられている。熊楠は、このように西洋の思想や科学を仏教と融合させようとしていた。

熊楠はダーウィンのどこに憧れたのだろうか。序章で、熊楠が「リテラート」と「ラーネッドメン」を対比させた文章を引いた。熊楠は「ドクトルとかプロフェッサーとかいう「ラーネッドメン」（すなわち大学教授）よりも、「独学で叩き上げた学者」である「文士すなわちリテラート」でありたいと述べている。ダーウィンは、まさに後者であった。悠々自適に暮らしながら、ビーグル号の航海で得た知見をもとに研究と思索を深めていき、大きな学問上の成果をなしとげた。文士と呼ぶと違和感があるかもしれないが、ダーウィンには『ビーグル号航海記』や『種の起源』など多数の著作があり、文章によってみずからの地位を確立させた人物でもあった。

ダーウィンは働く必要がなく、大学教授にもならずに一生を過ごした。そしてダーウィンを目標としていた熊楠も、定職に就いたことは一度もなく、大学から誘いがあったときにも断った。ダーウィンに憧れるとは、その業績や研究もさることながら、その生き方にも憧れることだったのである。

ダーウィン自身は大学教員となることはなかったが、一八三四年にサイエンティストという言葉がつくられたように、時代は科学が職業化していくまっただなかにあった。ダーウィンの次男のジョージはケンブリッジを出たあとも天文学の研究をつづけ、一八八三年に天文学・実験哲学のプルーム講座の教授職を得た。ケントにあるダウンの屋敷で父の植物学を手伝っていた三男のフランシスは、父の死後にケンブリッジに移り、一八八四年に植物学講師（レクチャラー）、一八八八年に上級講師（リーダー）となっている。

第2章　大英博物館のマルクスたち──独学の場所と方法

ロンドンで漱石を教えたクレイグ先生

一九世紀イギリスの学術世界では、人文科学、自然科学、社会科学を問わず、アマチュアが大きな役割をはたしていた。大学が専門教育の場でなかったことも前章で確認した。それでは、彼ら彼女らアマチュアたちはどのようにして勉強したのだろうか。研究室やラボをもたないなか、どこで研究を進めたのか。

熊楠がイギリスで教育機関に所属しなかったことは、すでに述べた。もうひとり、イギリスで独学した日本人といえば、夏目漱石（一八六七〜一九一六年）が有名だろう。二人は同い年で、大学予備門の同級生でもあった。ただし、熊楠は中退し、漱石は無事に卒業した。

漱石は日本から正規の留学生としてイギリスに派遣されたものの、やはり大学には所属しなかった。ロンドンでクレイグ先生という個人教師につき、週に一度通って、文学に関する質疑応答を重ねるスタイルで勉強したのである。これは前章で少しだけ紹介したイギリスの大学のチュートリアル形式に近い。それでは、クレイグとは何者かというと、漱石の「永日小品」（一九〇九年）によれば、アイルランド出身のシェイクスピア学者であった。「シェイクスピア字典」を完成させるためにウェールズの大学の職をなげうち、「毎日ブリチッシ・ミュージアムへ通う暇をこしらえた」が、それだけでは食っていけないので、漱石のような生徒をとっていたのである。

大学教授という職業にさしたる魅力がなかったのは、前章で述べたとおりだ。そして学問をするならロンドンで、という点にもふれた。ロンドンには多数の学会や研究会があり、多くの学者が活動していた。ところが、漱石があげるのは、「ブリチッシ・ミュージアム」で、クレイグはシェイクスピアの研究のため、そこに「毎日」通っていたのである。

といっても、現在のような考古遺物や美術品が並ぶ空間を想像するのはまちがいだ。クレイグが通ったのは、大英博物館の図書館部門だったと考えられる。一九七三年に分離独立してセント・パンクラスへ移るまで、大英博物館には巨大な図書館があり、貴重な文献を求めて無数のアマチュア研究者たちが集まっていたのである。

大英博物館は、医師のハンス・スローンのコレクションをもとに一七五三年に創設されたが、そのなかには多数の書籍がふくまれた。さらにロバート・コットン、ロバート・ハーリーとエドワード・ハーリー、チャールズ・タウンリーといったひとたちの蔵書が次々にくわえられた。一六六二年に始まっていた王室への納本制度(公的機関に出版物を納める制度)も、大英博物館の図書を豊かにしたことが知られ、ジョージ二世とジョージ三世による王室図書が統合されている。本章でとりあげるマルクスが通いはじめた一八五一年ごろには五一万冊もの蔵書を誇り、熊楠の通った一九世紀末には一五〇万冊を数えたという。

その結果として、大英博物館は一九世紀のロンドンで独学に励むものたちの聖地となった。当時、図書館部は閉架式であり、館員に請求して取り出してもらった本を、付属のリーディング・ルーム（閲読室）で読むことになっていた。リーディング・ルームには、熊楠はじめ、マルクス、ディケンズ、キプリング、オスカー・ワイルド、コナン・ドイル、バーナード・ショー、シートン、クロポトキン、レーニン、インディラ・ガンジーらが通った。その顔触れの豪華さにはため息が出るほどだ。当時の室内にそっとまぎれこんで観察してみたくなる。

熊楠は一八九五年に入室許可証を得ると、ひたすらリーディング・ルームに通いつめた。一八九八年一二月に騒動（後述）を起こして追放されたのちは、サウスケンジントン博物館や大英自然史博物館で筆写をつづけた。当時のロンドンには、ひとびとが自由に使える図書館が博物館付属というかたちでいくつも存在したのだ。熊楠がこれらの図書館で作成した「ロンドン抜書《ぬきがき》」と呼ばれる五二冊のノートには、人類学、博物学、旅行記、性科学などの文献がびっしりと書き写されており、帰国後も熊楠の研究と執筆活動を支えることになる。

熊楠はクレイグと同様に日参し、しかもその生活を五年近くつづけた。ところが、さらにすごかったのがマルクスである。マルクスはリーディング・ルームに「住んでいる」といわれたほどで、一八五二年ごろから死去する八三年まで三〇年以上も通い、ひたすら文献の筆写に励み、何十冊ものノートをつくり、そこから『資本論』をはじめとする著作が生まれた。

マルクスは、イギリスの産業や工場に関する調査報告書などを読みふけってノートにした。インド、ジャワ、中国などに関する地誌や民族誌も熱心に読んだことが知られ、たとえばベルニエの『ムガル帝国誌』（一六七〇～七一年）、ラッフルズの『ジャワ誌』（一八一七年）などが挙げられる。イギリスが植民地を獲得し、世界各地に進出した結果として、大英博物館には世界規模の知識が蓄えられていった。そこから、マルクスの有名なアジア的専制と土地の共有というアイデアが生まれたのである。のちに熊楠もリーディング・ルームで旅行記や民族誌を書写して、民族学や民俗学の国際比較を進めていった。もしかしたら、マルクスが読んだ本を、熊楠も手にしていたかもしれない。

マルクスにとっても熊楠にとっても、勉強／研究とはすなわち図書館で古今東西の文献を読み、ノートをとることだった。そして、それはクレイグをはじめとしたほかの多くの独学者たちの方法でもあった。

マルクスという人物

マルクス（一八一八～八三年、図2－1）の祖先は東欧ユダヤ人で、祖父はユダヤ教のラビであった。故郷のトリーアという町はライン川の支流であるモーゼル川の右岸にあり、フランスとの国境のすぐそばに位置する。フランス革命後は一時的にフランス領となり、ナポレオンの敗北によってプロイセンに再併合されたのは、マルクスの生まれる数年前のことであった。

父親はユダヤ人だったが、フランス革命後に職業の自由化が実現したことで、弁護士として活動した。マルクスは知的専門職の家庭で生まれ育ったのである。しかし、トリーアがドイツに戻ると、ふたたび弁護士はユダヤ人には許されない職業になってしまう。そのためか、父親は一八一七年ごろにユダヤ教からプロテスタントへ改宗している。マルクス自身も、一八二四年、六歳のときにプロテスタントの洗礼を受けた。

2−1　カール・マルクス

父親の希望により、マルクスは当初はボン大学で法学を専攻したものの、やがてベルリンへ移って哲学を勉強しはじめる。ところがベルリン大学で学籍の登録更新をうっかり怠って除籍されてしまったために博士号がとれず、結局、イエナ大学に博士論文を提出することになる。このころ、ベルリン大学では博士論文の審査には一六〇ターレルという巨額の審査料がかかり、論文も印刷したものを提出する必要があったのに対して、イエナでは六〇ターレルで、手書きでも構わないばかりか、提出しさえすれば博士号が送られてくるシステムだったという。

このようにしてマルクスは、一八四一年四月一五日に博士号を取得した。そしてこれによって大学で私講師として教える資格を得る。私講師とは、大学から給料を支払われるのではなく、学生から受講料を集めて授業できる立場をさす。そのまま順調に進めば、マルクスは大学でプロの研究者になっていたかもしれない。ところが、ボン大学で教える予定だったのが、マルクスを呼んでくれるはずの講師が大学から追放されてしまったため、立ち消えになる。しかたなく、ボンに滞在しながらケルンの『ライン新聞』に関わるようになり、やがて編集長の座に就く。

マルクスが初めてイギリスに渡ったのは、一八四五年の夏であった。後述するフリードリヒ・エンゲルス（一八二〇〜九五年）に連れられ、ロンドンのほか、マンチェスタのチェサム図書館も訪れた。チェサム図書館は、一六五三年創設の歴史ある図書館である。ただし、このころのマルクスはあまり英語ができなかったという。一八四七年の暮れにもエンゲルスとともにベルギーからイギリスに渡り、ロンドンの民主協会で講演している。

本格的に英語の文献を読みはじめるのは、一八四九年八月にイギリスに亡命して以降であった。マルクスが居を定めたのはロンドンのソーホー地区で、すぐそばに大英博物館が位置していることになる。以後、ロンドンでの生活は三四年に及び、ひたすら図書館にこもる日々を送ることになる。

「共産主義の父」の職業と収入

マルクスはドイツで大学教授になれず、イギリス時代も教育機関に所属したことはなかった。それでは、マルクスの職業が何かといえば、ジャーナリストだった時期が長い。ベルリン大学在学中に早くも演劇雑誌を創刊しており、やがては右記のように『ライン新聞』を手がけた。パリに移ったあとは、アルノルト・ルーゲとともに『独仏年誌』という国際雑誌に関わり、そののち在仏ドイツ人向けの『フォアヴェルツ』を出すようになる。つづいてブリュッセルで『ブリュッセル・ドイツ新聞』の編集に携わり、ケルンに戻って『新ライン新聞』の編集長に就任した。新聞や雑誌に記事を書くことで、マルクスの筆力は鍛えられていったのであった。

ロンドンに渡ったマルクスは、一八五一年秋、アメリカの『ニューヨーク・デイリー・トリビューン』のヨーロッパ通信員に採用された。一八四一年創刊の急進派の新聞で、編集者のチャールズ・デーナが一八四八年にヨーロッパを訪れたとき、ケルンの『新ライン新聞』編集部でマルクスと会ったのが縁となって特派員の依頼が来たという。一八五一年八月から毎週二本の記事を書く約束を交わし、ただし、当初はマルクスがドイツ語で書いた記事をエンゲルスが英訳し、英語に習熟したのちは自身で執筆するようになった。

『ニューヨーク・デイリー・トリビューン』は二〇万部の発行部数を誇り、マルクスも多大な影響力をもつに至るが、特派員に支払われる原稿料は、それだけで食べていけるほどではなかった。稿料は総計で七〇〇ポンドと推計されており、物価の高いロンドンでは苦労した。そのため、イギリス時代のマルクスは、エンゲルスからの援助をずっと受けつづけた。

エンゲルスは、ドイツのバルメンという町の紡績工場経営者の息子として一八二〇年に誕生し、ギムナジウムを出たあとは、徒弟修業、志願兵を経験し、ベルリン大学の聴講生をしていた時期もある。マルクスと初めて顔を合わせたのは、一八四二年一一月、『ライン新聞』編集部でのことだった。その直後にイギリスに派遣されたエンゲルスは、マンチェスタにある父の会社（エルメン&エンゲルス商会）の支店で、経営側の一員として働きはじめる。マンチェスタでの主な業務は、綿花の買い付けであった。やがて、一八七〇年には父から受け継いでいた会社の持ち株をすべて売却してロンドンへ移り、毎日のようにマルクス家を訪問する生活になる。

エンゲルスはマルクスを全面的に支援しつづけ、援助額は一八五〇年代には年に約五〇ポンド、一八六〇年代には二〇〇〜九〇〇ポンドにのぼった。ほかにもマルクスは母親から仕送りを受けており、さらに妻のスコットランドの親戚や、妻の母の遺産もあった。マルクス自身の母が亡くなると、その遺産も受け取っている。これらすべての収入を平均すると、年に三〇〇ポンドほどという計算がある。それなりの額であり、とくに一八六〇年代以降はかなり豊かな生活が送れたと考えられている。ただし、マルクス（そして妻も）は浪費家だったとされ、それが貧乏暮らしのイメージをつくったようだ。

一八五五年、五六年に妻のイェニーの伯父と母があいついで亡くなって遺産が入ると、マルクス一家はロンドン北部のカムデンにある新興住宅地へ引っ越す。郊外の高級住宅地であり、召使いも雇っての生活だった。その後、一八六四年から暮らした家では、舞踏会まで開き、娘たちにはピアノや乗馬を習わせたという。かなり贅沢な生活をしていたといっていいだろう。ダーウィンほどではないにせよ、エンゲルスらの支援者と不労所得によって、マルクスの学問は支えられていたのである。

マルクスはダーウィンに私淑しており、一八七三年六月に『資本論』（第二版）の第一巻をダーウィンに献本している。ダーウィンは、マルクスに礼状を送り、はじめの一〇〇ページほどは読んだようだが、あとはページが切られていない。

2―2　大英博物館のリーディング・ルーム
（「イラストレイティッド・ロンドン・ニューズ」1857年5月9日号）

大英博物館のリーディング・ルーム

大英博物館に図2―2のような、円形ドーム型のリーディング・ルームが設けられたのは一八五七年のことで、マルクスも熊楠もここに通った。一九世紀後半に出た二冊のパンフレットから、当時のようすを眺めてみよう。

　トマス・ニコラスの『大英博物館のリーダーたちのためのハンドブック』（ロングマンズ社、一八六六年）は、館の公式ガイドブックとして出版されたものだ。リーダーとは本を読むひとたち、すなわちリーディング・ルームの利用者を意味する。リーダーたちは本書に目を通し、規則に従って利用せよ、と明記されている。

　開いてみると、いかにもガイドブックらしく、入館・利用の規則から示されている。そのなかには、国籍、性別、政治思想などを問わないという項目がある。これらは学問の自由を重んじるイギリス人からしたら当たり前なのかもしれないが、いま読んでも驚きを感じる。そしてこうした規則があったからこそ、マルクスも熊楠も存分に利用できたのであった。

料金は無料である。当時は会員制の有料図書館も多く、それらとは一線を画していた。ただし、いきなり来館して、誰でも使えたのかといえば、そうではなかった。本人の申請書にくわえて、推薦書一通を提出する必要があった。そして「審査の上、問題なければリーディング・チケット（入室許可証）が発行される」となっている。図2－3のようなもので、氏名や住所が記入されている。有効期限は六ヶ月で、その後は申請すれば更新される仕組みになっていた。

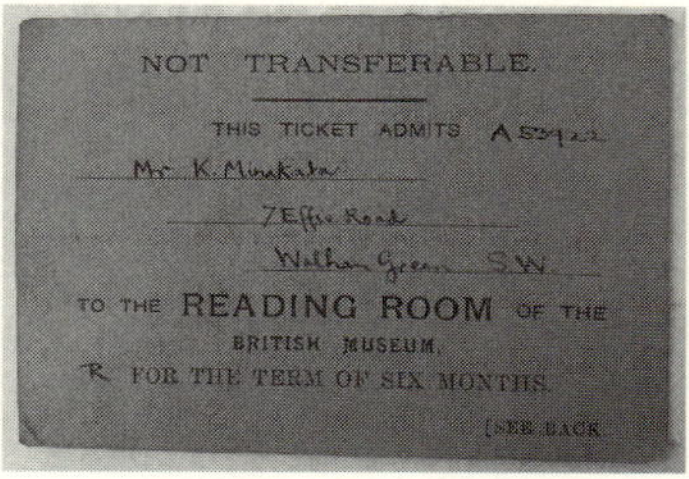

2－3　熊楠のリーディング・チケット（入室許可証、南方熊楠顕彰館、田辺市）

熊楠の場合は、大英博物館の館員であるチャールズ・リードに推薦書を書いてもらい、一八九五年四月一〇日付で申請している。申請書には「科学的調査」を目的とすると書かれ、職業欄には「学徒」とある。四月三〇日に許可がおり、リーディング・チケットが発行された。熊楠のリーディング・チケットは、一八九八年六月二五日から一二月二五日のものが南方熊楠顕彰館に現存する。熊楠は、この年の一二月七日に女性利用者の私語がうるさいとして騒ぎを起こし、リーディング・ルームを追放となった。最後の一枚しか残っていないところからすると、おそらく期限の切れた許可証は回収され、新しいものが渡されていたのだろう。現在まできちんと残されていることからは、いかに熊楠がリーディング・ルームでの日々を大切に思っていたかが伝わってくる。

マルクスは、一八四九年八月末のパリからロンドンへの亡命後、エンゲルスの援助で生活が安定したことにより、一八五二年ごろからリーディング・ルームにこもるようになった。ただし、マルクスが通いはじめた当時の大英博物館は薄暗かったと思われる。ガス灯が設置されていたが、あまり明るくないうえに、紙を害する成分がふくまれており、とくに棚の高い場所に置かれている図書はボロボロになったという恐ろしい話がある。人体にもよくなかったであろうことは、容易に想像される。

大英博物館に電気照明が導入されたのは一八五七年で、夜間利用が可能になり、博物館部門のことではあるが、仕事帰りの労働者たちも来館するようになったことが知られている。おそらく同時期にリーディング・ルームも明るくなったはずで、読書する人間にとって電気が点《つ》いたのがどれほどの恩恵であったことか。ただ、一八八〇年ごろのことだが、電流の作動にともなうシューシューという音が耳障りだと書き残している利用者もいる。

ともあれ、電気照明は、独学者たちにとって必須の設備だった。これにともなって開館時間も延長され、文字どおり朝から晩まで研究に没頭できるようになった。その意味では、『資本論』も電気照明のおかげで完成したといえるかもしれない。

読書する空間

一八八四年に出た『大英博物館――リーディング・ルームと図書室』からは、リーディング・ルーム内のようすがわかる。室内には三六台の机が放射状に配置されていた。八台は三四フィート（一フットは約三〇センチ）の長さで、片側に八人ずつ掛けられ、計一六人用。九台は三〇フィートで片側七人の計一四人用、三台は三〇フィートで、片側に一〇人ないし七人の変則となっており、計一七人用。七人側は女性専用であった。一六台は一三フィートで、計七人用。合計すると、全体で四一七席が設けられていた（これ以外に特別な利用者のための個室もあった）。ひとりあたりのスペースは約三～四フィートが割り当てられ、ちょうどよく思えるが、たくさん本を広げるには、やや苦しい席もあったかもしれない。女性席が広めにとってあるのは、レディたちへの配慮だろう。

ヴィクトリア時代のイギリスは、社会のさまざまな場面で男女が明確に分けられていた。そんななかでリーディング・ルームでは、区画は別になっているにせよ、同じ空間で男女が学んでいたのは興味深い。もっとも、前述したように、そのために熊楠は出入り禁止となったのだが。

男女が同じ空間で読書したのは、大英博物館リーディング・ルームに特有の現象だった。イギリスでは公立の図書館でも私立のブッククラブでも、婦人用のリーディング・ルームを設けるケースが多かった。二〇世紀初頭の公立図書館では八〇館あまりに婦人専用室があり、なかには一九六〇年代まで維持されたところもあったという。

使い勝手の悪いことに、大英博物館の図書館は閉架式であった。書物を鎖でつないだ図書室すらあったことを思えば、勝手に書庫に入らせないのは当然だったのかもしれないが、そのために利用者は必要な本をカード目録で検索しなければならなかった。一八五六〜六六年に大英博物館長を務めたアントニオ・パニッツィが導入したアルファベット順著者名目録は、二つ折り版の冊子に糊《のり》でシートを貼り付けていくタイプで、一九世紀末には二〇〇〇冊にものぼった。印刷体の目録が出版されるのは一九〇五年で、熊楠がイギリスを去ったあとのことである。

ニコラスのハンドブックによれば、閲覧したい本が見つかったら、リーダーズ・ブック・チケット（閲覧申込書）という短冊状の白い用紙にタイトルや配架場所を記入して、カウンターの係員に渡す。このチケットには、申し込み者名、席番号を記入する欄があり、しばらくすると、係員が書庫から本を探しだし、利用者の席まで持ってきてくれる仕組みだった。

南方熊楠顕彰館には、書き損じと思われるものが何枚か現存する（図2－4）。本はリーディング・ルーム内でのみ読むことができ、閉館時刻にはかならず返却する必要があった。館外への貸し出しはいっさいおこなっていなかった。なお、開架式は一八九三年にロンドンのクラーケンウェル図書館で初めて導入され、一九一〇年前後から戦間期にかけてイギリスで広まっていく。

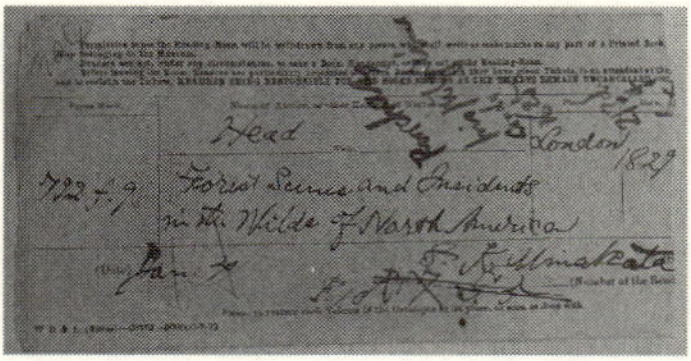

2－4　リーダーズ・ブック・チケット（閲覧申込書、南方熊楠顕彰館、田辺市）

大英博物館のほとんどの本は閉架だったが、辞書、事典、名鑑などレファレンス類はリーディング・ルーム内に配され、円形ドームの壁面に沿ってびっしりと並べられていた。『エンサイクロペディア・ブリタニカ』などは、必要なときに自由に見ることができたのである。

ニコラスのハンドブックには、コピー（筆写）についても説明があり、「制限なし」となっている。自由に好きなだけ写してよかったのである。もちろん現在のようなコピー機はないから、手書きでノートに写していくしかない。マルクスも熊楠も、ひたすら筆写作業に励んだわけだ。

当時、コピー機がまったく存在しなかったわけではない。蒸気機関で知られるジェイムズ・ワットが一七七九年に複写機を発明している。インクの染み通りやすい薄い紙に特殊なペンで書き、水で濡らしたのち、圧力をかけて写す装置であった。カーボン紙に近い用法であり、書類を二枚つくるときなどに用いられたらしい。現代的なコピー機は、一九五一年にドイツでジアゾ式複写機が発売されたのに始まり、紫外線で複写紙を感光させる仕組みであった。ただし、文字の色は青色になり、なおかつ湿式がメインである。このタイプのものは、いまでもたまに古い書類で見かけるが、わたしも機械そのものを使ったことはない。また、光を透過させる必要があるため、本のコピーにはあまり用いられなかった。やがて一九五九年に現行のPPC複写機がアメリカで発売され、手で書き写す文化は急速に廃れていく。

ちなみに写真機は一九世紀後半を通してどんどん改良されていったが、当時、コピー機代わりに使ったという話は聞いたことがない（それにくらべると、現在のようにスマホで気軽に撮影できるのは、なんとありがたいことか）。

ニコラスのハンドブックの一六〇ページ以降には、開館日程、開館時間が記されている。やや複雑なのだが、年始は一月八日から開館し、九時から午後四時まで。博物館部門が一〇時開館だったのにくらべると、一時間早い。日曜は休館。祝日も休みであった（ただし、当時のイギリスでは、祝日は年間数日しかなかった）。三月と四月は午後五時まで、五～八月は午後六時まで。秋にはまた短くなる。

熊楠は熱心にリーディング・ルームに通った。大英博物館で世話になったリードへの書簡（一八九五年六月二七日付）では、「毎日、一一時か一二時から七時まで、博物館（リーディング・ルーム）にいます」と伝えており、連日、七〜八時間も筆写に励んでいた計算になる。ちなみに夕方七時は閉館時刻（ニコラスのハンドブックの時代よりも、閉館時刻が遅くなっていた）だが、朝は九時（季節によっては八時）から開館していたはずである。熊楠の日記を見ると、昼近くの起床が多く、朝はあまり強くなかったようだ。それにしても、日曜の閉館日を除けば、週に六日である。たまに行かない日があると、日記に「博物館やすむ」とわざわざ記すほどの皆勤ぶりで、しかもそれを約五年間も継続した。

ニコラスのハンドブックには、リーディングルームへの持ちこみ禁止品も一覧化されている。ポートフォリオ、ハンドバッグ、箱、コート、傘、杖などは持ちこめず、リーダーズ・ロビーで係員に預けることになっていた。箱状のものは、筆箱のみ可であった。もちろん、盗難をおそれての規則である。

イギリスの図書館の起源は、ほかのヨーロッパ諸国と同じで、中世の修道院図書館に求められる。一八世紀ごろから一般利用者に開かれていったものの、保証金や推薦者が必要とされ、利用には制限がかけられていた。それだけ本は貴重で高価なものだったのだ。もうひとつの図書館の起源は、読書クラブにある。会員制で、集めた会費をもとに本を購入し、メンバーだけが利用できるようにしたものだ。一九世紀になると労働者層にも広がり、一八二一年には全国で六五〇〇箇所にのぼった。こちらは小説が中心である。

一八五〇年に成立した公共図書館法は、図書館建設のための財源確保を定めたもので、これによって各地に公立図書館が生まれ、第一次世界大戦が終わった一九一八年時点でイングランドに四二三館、ウェールズに六一館、スコットランドに八二館の図書館を数えるまでになった。また、大英博物館リーディング・ルームのドーム式を真似たものがイギリス各地につくられ、一八七九年のリヴァプールのピクトン図書館、一九三四年のマンチェスタ中央図書館などが知られている。

当時の図書館では、リーディング・ルーム、貸出室、参考室の順に重要と考えられ、労働者たちもリーディング・ルームで読書するのを好んだという。自宅と違って、明るく暖かく静かなのが理由だったとか。一九世紀末の図書館での人気は、①フィクション（五〇%以上）、②歴史、③伝記、④旅行記だったとされる。

もちろんマルクスや熊楠は読書を「楽しんでいた」のではなく、そこから情報を得て、自分の論考なり研究なりに利用するために図書館に通っていた。大英博物館のリーディング・ルームは、きわめて学究性の高い施設であり、一般の公共図書館と横並びに考えることはできないかもしれない。しかし、一八七〇年に公共教育法が成立して識字率が高まり、読書人口が増加し、学問へ関心を向けるひとびとがあらわれたことが、本書で見るようなイギリスの学術空間を形成したことはまちがいない。図書館というインフラが整備されたことで、一九世紀後半のイギリスには「読書し、勉強するひとびと」が出現したのであった。

筆写するマルクス

マルクスのリーディング・ルームでの研究方法は、前述のように、本を読んでせっせとノートをつくることにあった。びっしりと抜き書きが記された膨大なノートが現存し、マルクス研究者たちによって、隅々まで研究されている。どの本のどんな箇所をいつ筆写したのか、そしてそれが『資本論』などにどのように使われたのかも、よくわかっている。

そうした研究によれば、マルクスの執筆の過程は、①経済学抜粋ノート群に始まる。ヨーロッパ各地を移動するなかで作成した抜き書きのことで、このうちロンドン・ノートと呼ばれるものは、一八五〇〜五三年に全二四冊が作成され、『資本論』の一部に使われた。ロンドン以前にも、一八四三年からのパリ・ノート（九冊）、ブリュッセル・ノート（六冊）、マンチェスタ・ノート（五冊）がある。

大英博物館が利用できるようになると、リーディング・ルームに通って筆写に打ちこむ。ほとんど毎日リーディング・ルームにおり、席も決まっていた。そのなかで、②引用ノートと呼ばれるものが生まれる。『資本論』執筆のために経済学抜粋ノートを通覧して、必要な箇所を転写、整理したものとされ、一八五九年ごろに四冊がつくられた。③草稿ノートは一八六三～六五年ごろのものである。そして④完成稿として、一八六七年に『資本論』第一部が刊行されたのであった。

『資本論』は、図書館で見つけた多数の本からの引用、事例の羅列で構成されており、これは熊楠の「ロンドン抜書」と、それをもとにした論考によく似ている。当時の一般的な情報収集法だったのだろう。熊楠が大英博物館へ出入りするようになったのは、マルクスの死後であり、二人が直接顔を合わせたことはない。しかし、リーディング・ルームに残るマルクスの伝説を耳にしていた可能性はある。

熊楠は、「マルクス」の『男色愛好家 Urningsliebe』(一八七五年)なる小冊子を「ロンドン抜書」の二九巻(一八九七～九八年)と三七巻(一八九八年)の二箇所で書写している。一時は、熊楠はマルクスを読んでいたのだ、と誤解されていたが、実際にはハインリッヒ・マルクスという別人である。

熊楠が一九二二年に南方植物研究所設立の資金集めで東京に出た際の「上京日記」には、「今日の社会論説は多く科学ことに生物学に基礎を置いたものというが、マルクスとかクロポトキンとかの論説に誤謬多き生物伝説に基づけるもの多ければ、正確なる生物学上の事実に拠れるにあらざること多し」として、ピョートル・クロポトキン（後述）の『相互扶助論』（一九〇二年）に、カニが傷ついた仲間を担いで避難し、蟻が戦死した友蟻を運んでいって葬るとあるのは、実際には食物とするためだと喝破している。自身の観察にもとづいた批判であり、生物学者としての冷静な眼差しを示す言葉だろう。

リーディング・ルームの仲間たち——熊楠、孫文、クロポトキン

熊楠がリーディング・ルームに通ったのは、所蔵されている無数の貴重な書物の書写が目的だった。しかも、無料で利用できた。父の遺産がふんだんに使えたロンドン時代の前半までは、熊楠はさかんに本を買っていた。しかし、遺産が尽きると、そんなことは不可能になる。当時、本はきわめて高価なものであった。

ニコラスのハンドブックの巻末広告には、多数の書物が出ており、そのなかには熊楠が論考で頻用したものも認められる。たとえば、H・T・バックルの『イングランド文明化の歴史』（一八八八年）は全三巻で二四シリング、J・E・テナントの『セイロン』（一八六一年）は全二巻で二ポンド一〇シリングと値段が示されている。一九世紀末の一ポンドは三万円くらい（一ポンドは二〇シリング）とされるので、いかに本が高額だったかがわかる。図書館通いになるのも、当然だろう。

熊楠は本をまるまる一冊書写するケースもあれば、一部分のみを抜き書きした場合もある。一冊すべてを写すには労力と時間がかかるため、多くの利用者は関心のある部分だけを抜き書きしており、マルクスもそうであった。イギリスにはコモンプレイス・ブックと呼ばれる文化がある。現在では「決まり文句」として知られる英語だが、かつては「抜き書き帖」の意味をもち、知識や情報を整理するための方法として広くおこなわれていた。そうした抜き書き集を出版したケースもあり、ロバート・サウジーの『コモンプレイス・ブック』（一八五〇年）は熊楠もよく使っている。類似の書籍は多く、たとえば牧師が説教の材料を探すための論題集もコモンプレイス・ブックと呼ばれた。

熊楠の作成した抜書は何種類かある。東京時代に始められ、アメリカ時代、さらにイギリス時代の初期までつづけられた「課余《かよ》随筆」が一〇冊。一八八五年に和書を書写した「南方熊楠叢書」が一〇冊。「アメリカ時代ノート」が五冊。ロンドンで洋書の書写に励んだ「ロンドン抜書」が五二冊。さらに帰国後に作成した「田辺抜書」が六一冊である。

このうち「ロンドン抜書」の三九巻の途中までがリーディング・ルームでの産物であった。実物を見ると、びっしりと手書きの文字で埋め尽くされている。松居竜五の調査によって筆写書目一覧は作成されているものの、保存状態がきわめて悪く、もはやページを開くのさえ怖いほどだ。英語、フランス語、スペイン語、イタリア語、ドイツ語など各国語の本から抜き書きされ、乱筆でもあるため、いまだに全貌はあきらかになっていない。

五二冊もの「ロンドン抜書」をつくるには、驚異的な時間が必要となる。熊楠がリーディング・ルームに通いつめたのは、前述のとおりである。そんなに楽しかったのだろうかと、正直、疑問に思わなくもない。ところが、リーディング・ルームの常連利用者はマルクスや熊楠だけではなかった。どのようなひとたちが何のために通っていたのかを、少し見てみよう。

孫文は一八九六～九七年の約八ヶ月間の在英中に、七〇回近くリーディング・ルームに通い、政治・外交から農業・鉱業に至るまでさまざまな書物を漁り、ノートに写した。熊楠ともこのときに知り合い、「書写仲間」として厚い友情を築くことになる。第4章でもふれるF・T・エルワージは民俗学や方言研究で知られ、その代表作の『邪視』（一八九五年。一九九二年に邦訳も出ている）は、熊楠もしばしば引用している。熊楠とも知り合いで、リーディング・ルームで言葉を交わすなどしたようだ。熊楠は前出のロシア出身のアナキストであるクロポトキンとも交流があり、矢吹義夫宛書簡（一九二四年一一月二九日付）で、「小生は大英博物館にて社会学を専攻せしものにて、クロポトキン公なども知人に有之《これあり》」と述べている。次章で見る『N&Q』誌上で熊楠と何度か議論した東洋学者、言語学者のJ・プラット・ジュニアは、ロンドンの織物会社に勤めながら、仕事の合間にリーディング・ルームに通っていた。

漱石の師のクレイグも、おそらく熊楠と同時期にリーディング・ルームにいたはずだが、面識はなかったと思われる。クレイグの紹介かは不明だが、漱石もリーディング・ルームをのぞいたことがあったようで、「自転車日記」（一九〇三年）に、

忘月忘日「……御調べになる時はブリッチッシュ・ミュジーアムへ御出かけになりますか」「あすこへはあまり参りません、本へやたらにノートを書きつけたり棒を引いたりする癖があるものですから」「さよう、自分の本の方が自由に使えて善ですね、しかし私などは著作をしようと思うとあすこへ出かけます……」

との一文がある。「あすこへはあまり参りません」と述べているのが漱石である。本に書きこみをするタイプは、図書館には向かない。

第一高等中学校（のちの一高）時代の漱石の「師」であるジェイムズ・マードックも、イギリスに一時帰国した一八九三〜九四年に、五ヶ月間リーディング・ルームに通って、初期の日欧交渉史の文献を調べ、『日本史』（一九〇三年）を出版した。

こういった有名人たち以上に本書で注目したいのは、多くの常連利用者がいた点である。

一九二五年一月三一日付の矢吹義夫宛書簡（いわゆる「履歴書」）には、「小生五百人ばかり読書する中において」とある。さきに見た『大英博物館――リーディング・ルームと図書室』ともほぼ一致する数字で、これだけ多くのひとたちが黙々と研究に励んでいたのであった。熊楠やマルクスは、けっして例外的な存在ではなかったといえよう。

リーディング・ルームの利用者たちはたんに読書に来ていたわけではなく、研究や調べものに使っていた。こうした状況はイギリスの小説では定番の設定となっており、たとえばセオ・ギフトという女性作家による怪奇小説である「メルローズ・スクエア二番地」（一八七九年）の語り手は、ある書物の翻訳を引き受けたため、ロンドンに出てきて下宿し、「少なくとも半年ほどのあいだ、大英博物館にいつでもすぐ行ける地区に居住する必要が生じた」との設定になっている。オースティン・フリーマンの『オシリスの眼』（一九一一年）という探偵小説にも、リーディング・ルームに通ってエジプトのミイラを調査する女性考古学者が登場する。

書誌学者でライブラリアンであったA・N・L・マンビー（一九一三～七四年）には、『アラバスターの手』（一九四九年）という怪奇小説集がある。うち三篇は、第二次大戦中にドイツの捕虜収容所で執筆されたといういわくつきのものだ。同書中の「出品番号七九」は帰国後の作品だが、一七世紀半ばの降霊術を扱った写本がテーマとなっており、語り手たちは、大英博物館のリーディング・ルームでしょっちゅう顔を合わせていたとの記述がある。

常連利用者のあいだには、仲間意識が形成されていたようで、熊楠が暴力事件を起こして追放されそうになったときに提出した「大英博物館陳情書」（一八九八年一二月七日付）には、「読書室の同胞たち reading-brethren」との表現がある。ブレスレンには、宗教的な信者仲間や教会員といった意味もあるから、リーディング・ルームに集うものたちを、一種の崇高な宗教的修行者と捉えていたのかもしれない。ともかく、ロンドンには独学者たちがあふれていた。それぞれは孤独な作業でも、周囲にはたくさんの仲間がいたのであり、熊楠もさぞ居心地のよかったことだろう。

こうした空間が存在することで、アマチュアたちは学問にとりくめ、イギリスの学問が支えられていたのである。その成果がどのように結実していったかについては、次章以降で見ていきたい。

リーディング・ルームを懐かしむ熊楠

熊楠はことのほかリーディング・ルームを気に入っていたようだ。娘の文枝が松居竜五に語ったところによれば、熊楠は「あの図書館のこと、よく言ってましたですよ。円形の。「あそこ行った時は、自分のいちばん望んでいたところに来たと思って嬉しかった」って言ってました」（松居『南方熊楠――複眼の学問構想』）という。帰国後に田辺で作成した「田辺抜書」には、蔵を書室、書斎を写字室と呼んだ箇所がある。大英博物館の書庫とリーディング・ルームになぞらえ、懐かしんでいたのだろう。

大英博物館の図書館部門は、日本の国立図書館にも影響を与えた。日本の図書館界に大きな足跡を残した田中稲城《いなぎ》という人物がいる。田中は東京大学文学部和漢文学科を卒業後に文部省に入り、一八八六年から東京図書館に勤務した。一八八八年八月に「図書館に関する学術修行」のためにアメリカやイギリスの図書館をまわることになり、翌八九年に大英博物館の図書館部を視察している。そして帰国後に東京図書館長、帝国図書館長として国立図書館構想を練っていくなかでイギリスでの見聞が活かされたという。

長らく大英博物館内にあった図書館部門は、一九七二年に大英図書館法が制定されたことで、一九七三年に国立中央図書館、国立科学発明参考図書館、国立科学技術貸出図書館などと統合され、大英図書館となる。やがてキングズ・クロス駅に近いセント・パンクラスに新しい建物がつくられ、一九九八年に移転統合された。マグナ・カルタやシェイクスピアの初期資料といった重要な文献を収め、付属の展示室は無料で見学できる。メインの図書館部分も、しかるべき手続きさえとれば、誰でも利用可能で、大学の長期休暇中には（京都大学の脇の）百万遍より知人によく出くわすと聞いたことがある。

大英図書館は法定納本図書館であるため、毎日のように大量の図書が運びこまれ、現在では蔵書数が約一億七〇〇〇万点に達するという。セント・パンクラスの施設の地下には巨大な保管庫があり、数百万冊を収めているものの、とてもスペースが足りず、大半はヨークシャのボストン・スパにある分館（保管庫）に配置されている。本棚の総延長は約七〇〇キロメートルに及び、さらに年間八キロメートルのペースで伸びているというから驚かされる。

一九七三年の統合後も、しばらくは大英博物館内に図書館機能が残され、一九九七年一〇月二五日、最後の日にリーディング・ルームにいた知人によれば、閉館時にいっせいに拍手が起こり、シャンパンがふるまわれたという。二〇二四年現在は関係者以外立ち入り禁止の資料整理室として使われている。

第3章 『ネイチャー』と『N&Q』
——成果と発表をつなぐネットワーク

研究発表の場としての『ネイチャー』

第1章、第2章で見てきたように、一九世紀のイギリスには、学問に熱中する無数のひとたちがいた。そして同じような興味関心をもっていれば、相互の情報交換は必須だし、そもそも同好の士とは交流したくなるのが人間というものだろう。しかし、中央の有名な学会に所属するには相応の実績がなければいけないし、推薦者やコネも必要だ。学者気質の人間は、自分の発見やアイデアを開陳したがるが、学会発表や学会誌への論文掲載も簡単ではない。

そんななかで、交流と発表という二点を同時に充たすような仕組みがあらわれた。一九世紀半ばから、誰もが投稿できる学術雑誌が次々と登場したのである。もっとも有名なのが『ネイチャー』だろう。

『ネイチャー』は、一八六九年一一月四日の創刊である。科学誌のなかでは、けっして早いものではない。イギリスの初期の科学誌としては、ヘンリー・オルデンバーグによって創刊されたロイヤル・ソサエティの『トランザクションズ』（一六六五年）があるが、基本的には協会員によってのみ執筆され、読まれたものであった。ところが、一九世紀中葉から一般のひとびとをも対象とし、購読料に支えられた科学誌が出現する。

これについて従来は著名な科学者による論文がとりあげられる傾向が強く、それから近年では「読者」の側面も注目されている。新興のミドルクラスが購読層の中心をなしており、いわゆるポピュラー・サイエンスのひとつとして位置づけられるのである。ミドルクラスのひとびとにとって科学は、歴史、文学、社会、芸術などと並んで、身に付けるべき教養のひとつであり、わかりやすく嚙み砕いて教えてくれる、入門的な雑誌が必要だった。

3－1　ノーマン・ロッキャー

これに対して本書では、「投稿者」の側に注目したい。『ネイチャー』は一般読者への啓蒙誌であるとともに、最先端の科学誌の側面も備えることをめざした。アマチュア／プロを問わず、購読者からの投稿を歓迎しており、寄せられた論考を掲載する「投稿欄」が設けられていたのである。これまでも一部の有名科学者の投稿については分析対象となってきたが、実際には多数の無名投稿者がいた。

『ネイチャー』を創刊したノーマン・ロッキャー（一八三六～一九二〇年、図3－1）は、ウォリックシャのラグビーという町の出身で、大学等の学歴はなく、陸軍省に事務官として勤務するかたわら、アマチュアの天文学者として名をあげ、一八六九年に『ネイチャー』を発刊した。一八七一年にケンブリッジ大学講師、一八八五年にケンジントン太陽物理天文台所長となり、やがてはイギリス科学振興協会会長やロイヤル・ソサエティ副会長を務めるまでにのぼりつめた。天文学者としては、太陽観測に業績が多く、気体元素であるヘリウムの存在を予測、命名したことで知られる。一方で古代エジプトの天文学を扱った『天文学の曙』（一八九四年）のような文化史的な研究もある。ロッキャーは亡くなる前年の一九一九年まで、約五〇年間にわたって『ネイチャー』の編集指揮をとりつづけた。本書の視点からいえば、『ネイチャー』のような科学誌が、ロッキャーのような人物によって創刊、編集された点は見逃せない。のちに大学で教えるようになるとはいえ、ロッキャーはもともとアマチュアとして研究にとりくんでいたのである。

熊楠の「東洋の星座」

熊楠は、「東洋の星座」という論考で『ネイチャー』（一八九三年一〇月五日号）にデビューした。熊楠はイギリスでの学歴をもたず、研究機関で正式な職員として働いたこともない、外国からやってきた一介の青年であった。しかし、そんな熊楠による投稿が『ネイチャー』に採用されたのである。以後、一九一四年までに五一篇が掲載され、一説には史上最多ともいわれている。

「東洋の星座」が掲載された一八九三年当時の『ネイチャー』は週刊で、各号二四ページ（増ページとなる号もある）。誌面は、①科学諸分野の入門的な書籍をとりあげて紹介する文章（欄の名前はない。通常二篇。依頼原稿と編集部によるものが混在）、②書評欄（編集部によるものが多いが、依頼原稿や投稿もある）、③投稿欄、④雑報欄（彙報《いほう》欄。国内外の新聞や雑誌に出た科学記事の転載、公開レクチャーのお知らせ、大学の人事、学会近況など）となる。このうちの投稿欄には、誰でも投稿でき、編集部の判断によって採否が決められていた（現在のような査読制度は、まだ導入されていなかった）。「東洋の星座」が出たのも、この欄である。

一八九三年八月一七日号の投稿欄に、M・A・Bというイニシャルのみの投稿者が「星をグループ化して星座とすること」と題する質問を寄せた。「編集部あるいは貴誌読者のなかに、次の質問に答えて下さるか、これらの件に関してどこで情報が得られるかを教えて下さる方はいないだろうか」として五つの質問を並べたもので、最初の三つはアッシリア、エジプト、ギリシャ、ペルシャの古代の星座に共通性はあるか、また動物の星座の有無を問うもの。第四は、中国人、ポリネシア人、インド人、アフリカ人、アメリカ先住民などは固有の星座をもつか。第五は、そうした星座の異同を、各民族の近親性を判断するのに利用できないかというものであった。

残念ながら、M・A・Bの正体や投稿の目的はあきらかになっていない。投稿の末尾に「テリアーズ・グリーン、ハイ・ウィカム」と住所が記されており、バッキンガムシャの地名だが、それ以上のことは突き止められずにいる。おそらく天文学に関心のある地方のアマチュアだったと思われる（当時、イニシャルやペンネームによる投稿は少なくなかった）。

M・A・Bによる質問を見つけた熊楠は、八月一七日の日記に「本日のネーチュールにM・A・Bなる人、星宿構成のことに付五条の問を出す。予、其最後二条に答んと起稿す」と即座に回答を準備しはじめ、中国の唐代に段成式によってまとめられた『酉陽雑俎《ゆうようざっそ》』からメモをつくるなどし、八月三〇日に「ネーチュールへの答弁稿成」と完成させている。投稿したところ、見事に採用となり、二二日に大英博物館で世話になっていたA・W・フランクスによる校正刷りの英文添削を受け、編集部へ返送ののち、一〇月五日号に掲載された。この日の日記には、「今日のネーチュールに、予のジ・コンステレーションズ・オヴ《ママ》・ジ・フアールイースト出る」とある。

このころの誌面には、編集長のロッキャーの関心を反映して、天文学関連、とくに天文学史に関する話題がめだった。以前から『ネイチャー』を購読していた熊楠は、当然、そのことに気付いており、M・A・Bの質問が出たのを絶好のチャンスと思ったのだろう。みずからが精通する東洋の資料を駆使して、回答を寄せたのであった。イギリスにも中国語や日本語を扱える研究者はいたものの、幼いころから漢籍に親しみ、日本の古典を読みあさってきた熊楠にはかなわない。そこに熊楠は賭け、見事に成功したのであった。意外に思うかもしれないが、熊楠は戦略的に動くことが少なくない。

「東洋の星座」による成功は熊楠の自慢のネタとなり、一九二五年の「履歴書」では、

其時丁度ネーチユール(御承知通り英国で第一の週刊科学雑誌)に、天文学上の問題を出せし者ありしが、誰も答ふるものなかりしを、小生一見して下宿の老婆に字書一冊を借る。極めて損じた本で、AからQ迄《まで》有て、RよりZ迄全く欠けたり。小生その字書を手にし、答文を草し、編輯人に送りしに、忽《たちま》ちネーチユールに掲載されて、タイムス以下諸新紙に批評出で、大に名を挙げ

と語っている。このあたりの詳細(本当に半分しかない辞書を使ったのかなど)は、松居竜五がとりあげているほか、拙著『南方熊楠のロンドン』でも扱ったので、本書では省略するが、ともかく熊楠の喜びが伝わってくる一文だ。

学者たちは、自分の研究成果を公表したいと強く願うものである。気体の蒸気圧やオームの法則を発見しながら、生前には発表しなかったヘンリー・キャヴェンディッシュのような人物もいるが、どちらかといえば他人に認めてもらいたいと望むタイプが多いように思う。熊楠も、まさにそうであった。学者は、みずからが第一発見者であったり、発案者であったりすることにこだわる。そのことが栄誉やプライドと強く結びつくからだ。アマチュアは研究が金銭に結びつくことには無頓着（ないし、無頓着なふりをする）が、名誉にはうるさいのである（もちろん職業的な研究者も、栄誉に無関心ではないけれど）。

現在の『ネイチャー』を知るひとからすると、誌上で右記の「東洋の星座」のような質疑応答がおこなわれていたことに違和感を覚えるかもしれない。しかし、質疑応答は当時の『ネイチャー』の投稿欄で広く見られた。雑誌への投稿は、情報収集活動の一環でもあり、さらにいえば一種のコミュニケーション・ツールとしても機能していた。雑誌を通じて、投稿者間のネットワークがかたちづくられていたのである。大学に所属する研究者もいれば、熊楠のようなアマチュアもおり、身分や立場は関係なしの交流である。『ネイチャー』や次に扱う『N＆Q』といった購読誌は、特定の学会に付属して、学会費で運営されるものではなく、一般読者が定期購読してくれること（＋広告収入）によって出版される商業誌であった。誰もが購入、投稿できたことで、アマチュアたちの格好の発表の場となり、大学や学会とは違ったかたちで学問の発展を支えていく。

『ネイチャー』に論考が掲載されたからといって、お金がもらえるわけではない。むしろ、購読料や郵便代がかかった。なおかつ、現在と違って研究職のポストに結びつくようなものでもなかった（なにしろ、熊楠は『ネイチャー』に五一篇もの業績がありながら、大学に就職していない。現在なら、一篇掲載されただけで引く手あまただろう）。とすると、論考を執筆し、発表する目的は何だったのだろうか。

『ノーツ・アンド・クエリーズ』創刊

『ネイチャー』は自然科学だが、人文科学の領域でも同様のことが起こっていた。以下は、熊楠の論考が三二四篇も掲載された『N&Q』（図3－2）をとりあげていきたい。

『N&Q』は一八四九年、ロンドンでウィリアム・ジョン・トムズ（一八〇三～八五年、図3－3）というフォークロアや神話の研究者によって創刊された。トムズはロンドンのウェストミンスタ生まれ。一八四五年から八二年まで上院の文書館に勤務し、典型的なミドルクラスの下級官吏であった。一八三八年から、アンティカリ（好古家、尚好家）の代表的な団体のひとつであるカムデン協会のセクレタリを務め、『初期韻文ロマンス集』（一八二七～二八年）、『ギャマー・ガートンの愉快なお話』（一八四八年）などの著作がある。パブリックスクールや大学は出ておらず、やはりアマチュアの研究者であった。

トムズは、フォークロアという概念を英語にもちこんだことでも知られる。酒井潔の「南方先生訪問記」では、熊楠が「柳田国男氏の一派」を批判するなかで、

全く御用学者なんて、なってない。第一「フォーク・ロアー」を民俗学と訳するのが間違っている。この言葉はかの有名な英国の問答雑誌『ノーツ・エンド・キーリス』の創始者が製造した言葉で、強いて訳すれば「怪人心得草」とでもいうので、なにも学なんてもったいらしく言うに当たらない。

と述べている。フォークロアとは、日本語の「民俗」に近いが、微妙に異なる概念で、ある集団に古くから伝えられた民話や伝説、慣習や習俗などをひっくるめていう。イギリスでは、一八四六年八月二二日に高級文芸誌の『アセニウム』で、トムズがアンブローズ・モートンというペンネームで提案したのが始まりとされる。

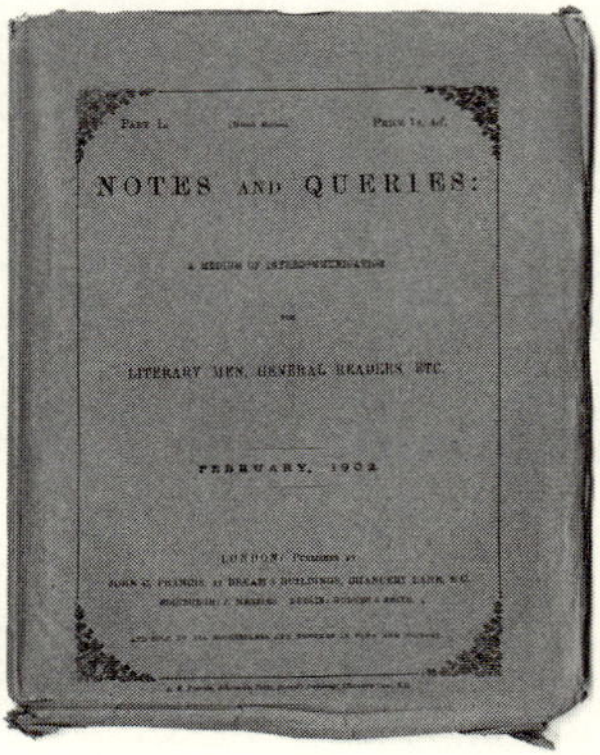

3－2 『ノーツ・アンド・クエリーズ（N&Q）』

熊楠は「学」と呼ぶべきものではないとしており、まさにアマチュアが民間でとりくむべきテーマであった。

『N&Q』創刊のきっかけは一八四一年にさかのぼり、トムズやジョン・ブルースら文人グループのなかで、人物や書籍について調べてもわからないことが多いので、情報交換に役立つような小さな雑誌をつくろうという話がもちあがった。このときは創刊まで至らなかったものの、一八四六年にトムズが『アセニウム』に読者からの質問・回答欄を設けたところ、大好評で投稿が殺到した。その評判に自信を得て、一八四九年一一月三日、『N&Q』が創刊されたのである。『ネイチャー』よりも二〇年早い。編集長にはトムズが就任し、一八七二年九月二八日号まで担当した。

3－3　ウィリアム・ジョン・トムズ

創刊号のトムズの言葉によれば、雑誌の目的は「投稿者や編集者が読んで興味深く思うような、さまざまな事柄、質問への回答」を投稿してもらうことであった。副題は「文人、芸術家、アンティカリ、系図研究者のための情報交換誌」（一八六三年から「文人、一般読者など」に変更）と付けられ、人物、歴史、フォークロア、文学、芸術に関する話題が中心となった。「文人 Literary Men」は熊楠のいうリテラートに近いかもしれない。

巻頭には、ディケンズの『ドンビー父子』（一八四六～四八年）から引用して、「見つけたら、ノートをとれ」のモットーが掲げられた。作中に登場するカトル船長の口癖なのだが、聖書から引用するのが大好きなくせに、それがことごとくまちがっているという人物である。あえてこの言葉を選んだのは、トムズ流のユーモアだろう。

創刊当初から第二次大戦後までは週刊（第一次世界大戦後期に一時月刊化）で発行され、熊楠の投稿した期間には、ほぼ各号二〇ページであった。熊楠が投稿を始めた一八九九年当時は、購読期間に一年間と半年間の二種類があり、年間購読料は一ポンド六ペンス（郵送費込み）、半年では一〇シリング三ペンス。第2章での本の価格の計算からすると、年間で三万円程度となり、それほど高額ではない。現在では、『ネイチャー』に比べると有名とはいえないが、いまも英文学研究の世界で権威ある雑誌として発行がつづけられている。

質疑応答で埋めつくされた誌面

『N&Q』の特徴は、読者投稿誌という点にあり、すべてのページが読者からの投稿で埋めつくされていた。原則として編集部による記事はなく、巻末に訂正やオビチュアリ（死亡記事、後述）が出る程度である。

誌面は「ノート」、「クエリー」、「リプライ」の三つの欄に分けられる。ノート（短報）は投稿者の発見した知識や情報を書き送ったもので、現在の学術雑誌に出るような論文から、ごく簡単に事例を挙げた短文まで多様である。クエリー（質問）は、読者へ広く情報を求めた問いかけで、短文が多い。リプライ（応答）は、クエリーへの返答であり、長短さまざまであった。熊楠は中山太郎宛書簡（一九二六年一月三〇日付）で『N&Q』のことを「随筆問答雑誌」と記している（ノートが随筆と訳されている）。

リプライは一本では終わらず、数十人から寄せられることもあった。何年にもわたってリプライが出つづけることもしばしばで、激しい議論になるケースも少なくない。もちろん、まったくリプライの付かないクエリーもある。一昔前のインターネット上の掲示板のようなものを想像してもらえると、『N&Q』のイメージがつかみやすいだろう。対象となるテーマや人物について大勢が情報を出しあう点では、ウィキペディアも近いかもしれない。

各論考の長さはさまざまで、数ページに及ぶものもあるが、大部分は十~数十行程度と短かった。一般に、情報を簡潔に示すスタイルで執筆され、羅列的で、考察や分析がきちんとなされることはまれである。現在の学術誌における論文とは、だいぶ異なっている。情報源は書籍、雑誌、新聞が中心で、投稿者自身の体験や伝聞も混じっている。書誌情報、引用箇所の明示は徹底されていた。

熊楠の『N&Q』へのデビューは、『ネイチャー』よりも六年遅れて、一八九九年六月三日号のことであった。この日の日記に、「予の文（a witty boy 外《ほか》一）*Notes & Queries* に出居る」とあり、「神童」（ノート）、それから「外」にあたる「水平器の発明」（クエリー）の二篇が掲載されたのである。

「神童」は、イタリアと中国に類似の説話があることを示す論考であった。まず、一四〜一五世紀の物語作家サケッティとポッジオの作品から、神童と呼ばれるような子どもでも、大人になれば馬鹿になるものだと嫌味を言った大人が、その子どもに「あなたも子どものころはたいへんな知恵の持ち主だったのでしょうね」とやりこめられる話が引用され、つづいて同様の例が五世紀の劉義慶《りゅうぎけい》『世説《せせつ》』から紹介される。結論として熊楠は、「こうした類の話が、ヨーロッパよりも先に中国にあったということを記すのは興味深いであろう」と述べている。「水平器の発明」は、船の航行に使われる水平器（ジンバル）という機器の発明について問うた内容であった。

「神童」はノートであるため、リプライは付かなかったが、「水平器の発明」には編集部が『オクスフォード英語大辞典（OED）』から回答を付している。以後、『N&Q』には熊楠の投稿が三二四篇も掲載され（不採用となったものもふくめれば四〇〇篇近くを投稿した）、質疑応答の網のなかで、ときには質問者となり、ときには応答者となって、無数の投稿者たちと活発に交わっていった。

熊楠のデビューした一八九九年六月三日号を例にとれば、ノートが二〇篇、クエリーが二三篇、リプライが四一篇の合計八四篇が掲載されている。ノートよりもクエリーが、そしてさらにリプライが多い点は注目されたい。なお、同じ号にひとりで複数の論考を載せているケースもある（熊楠にもしばしば見られる）。

表3－1は、この号のクエリーについて、①その内容、②リプライが何本付いたかの追跡調査、③リプライの内容の三点を簡単にまとめたものである。ここからクエリーの傾向と、どのくらいリプライが返ってきたかを確認しておきたい。

クエリーには、人物、歴史、言葉、文学に関するものが多い。すでにこのころ出版がスタートしていた『オクスフォード英語大辞典』や『イギリス人名事典（DNB）』ではわからないことを質問するケースもある。つづいてリプライを確認すると、二一篇中九篇に回答が付いている。別の号で同様に調査した結果でも、半分くらいに回答が出ている。リプライの付いたものでは、複数人からの情報提供がしばしば見られ、前の回答者の情報に補足を加えていくものもある。すなわち、クエリーとリプライはかならずしも一対一の対応関係ではない。また、リプライでは『オクスフォード英語大辞典』を見よとだけ示したり、あるいは逆に『イギリス人名事典』の誤りを指摘するようなケースもある。

表3－1 『N&Q』1899年6月3日号に出たクエリーの一覧、およびそれに付いたリプライ

1. チャールズ2世の肖像画に描かれた品物や言葉の意味は何か
　→なし
2. 『不思議の国のアリス』のタイトルの由来は何か
　→なし
3. 水平器はいつどこで発明されたか（＊熊楠）
　→編集部からの回答。1577年。『OED』を見よ
4. ブライ提督の家系について教えてほしい
　→5本。1856年にも同様の質問／墓碑／生地・家系・子孫／生地／墓
5. 14-15世紀のナイトのリストがほしい
　→3本。一覧／補足／補足
6. 「passing the time of day」という言い回しの出典が知りたい
　→2本。シェイクスピアの時代のスラング／「おはよう」「こんばんは」等の意味
7. ランスロット物語の聖餐について知りたい
　→8本。中世に何を象徴したか／参考書の提示／剣の象徴の初出など
8. 仏領西インドの2つの家系の情報を求む
　→なし
9. ブロウイング協会の歌について知りたい
　→なし
10. あるウェールズ人判事の情報を求む
　→2本。経歴と家系についての詳細な情報
11. ある柱時計についての情報を求む
　→なし
12. ホスキンズの詩について『DNB』に出ている以上のことが知りたい
　→なし
13. 『OED』にも出ていないブラックキャップという語の意味が知りたい
　→なし
14. ジョン・シーマンについての情報を求む
　→なし
15. トマス・ハルについての情報を求む
　→なし
16. ワッツ・ダントンの『エイルウィン』の由来が知りたい
　→10本。エイルウィンという人名／ウェールズのジプシーについて
17. ウィリアム・ノックスについての情報を求む
　→なし
18. 『ヴァージニアのいとこ』の出版者が知りたい
　→なし
19. ワイズベックの身廊が二重になっているという教会について情報を求む
　→2本。ギリングの教会／ハニントンなど四箇所にある
20. シェイクスピアの養子の自筆資料が見つかったという話の詳細が知りたい
　→1本。スペルが『DNB』でも間違っている。正しいスペルで探せ
21. スコットの小説に出てくるジェントルマンの服装に関する風習を知りたい
　→なし

ここからは、『N&Q』が辞書や事典に近いかたちで利用されていたことが推察される。誌面にクエリーを投稿するのは、すなわち事典を引く行為に近いものだったのである。ただし、編集部にクエリーを送り、掲載され、誰かがリプライを出し、と時間と手間のかかる方法ではあった。回答者は、いわば「投稿を通して答えを教えてくれる百科事典」といったところか。実際、一九世紀に「歩く『N&Q』」という表現が使われていたことがわかっている。「歩く百科事典」みたいなものだろう。

ノート欄は、自分の研究成果や新発見を報告するための場と位置づけられる。学者たちは、アマチュアとプロを問わず、みずからの発見を他人／仲間たちに知ってほしがるものだ。しかし、賑わっていたのはノート欄だけではなかった。クエリー欄とリプライ欄により多くの投稿がなされていた点からは、情報収集の必要性と、熱心に情報提供したがる知識人たちがいたことが読みとれる。このあたりから、彼ら彼女らの心性や、雑誌に投稿する意味合いが見えてくる。学者たちにはネットワークが必要であり、学術誌がそのための便利なコミュニケーション・ツールとなっていたのであった。

投稿者たち

それでは、『N&Q』に投稿していたのは、どのようなひとたちだったのだろうか。各論考の末尾には投稿者名が記されているものの、膨大な数にのぼるうえ、多くは無名の人物であり、現在、その人物像をあきらかにするのは容易でない。なおかつ、前述のようにイニシャルやペンネームの場合も少なくない。

こうした困難を乗り越える手がかりとなるのが、『N&Q』に掲載されたオビチュアリ（死亡記事）である。オビチュアリには投稿者の履歴や職業が記される。さらにペンネームやイニシャルのみの投稿者については正体があかされ、彼ら彼女らの素顔に迫ることが可能になる。

オビチュアリとは、新聞や雑誌に掲載される死亡記事である。著名人等の死去に際して新聞社が取材、執筆、掲載する「記事」をさし、誰を載せるかは社側の判断となる。イギリスでは一六世紀に現在のかたちに近いものがあらわれ、一九世紀半ばに『タイムズ』の編集者であったJ・T・デュレインが整備し、やがて多くの新聞や雑誌に広がったとされる。同じく新聞に出る死亡広告は、遺族や友人が広告費を支払って掲載してもらう「広告」であり、オビチュアリとは異なる。

熊楠が投稿を開始した一八九九年以降の『N&Q』誌面を調査したところ、二三六篇（二二九人）のオビチュアリが発見できた（ひとりの人物に二篇のオビチュアリが出た例〔速報と詳報など〕が七件あるため、数に差が出ている）。一九一二年ごろまでは年間に七〜一〇篇程度、

表3－2 『N&Q』のオビチュアリ
姓のイニシャルがA、Bの37人を調査
①生没年（死亡年）／②死亡した場所／③職業／④アンティカリと明記されているか／⑤得意とした執筆分野／⑥OED等への寄稿（EBは『エンサイクロペディア・ブリタニカ』）／⑦その他（国籍など）

F. Adams
① 1928 没／②ロンドン／③教会関係者／⑤民俗習慣

William Percy Addleshaw
① 1916 没／②サセックス／③法律関係者、小説家／⑤詩、小説

Alfred Ainger
① 1837－1904／②ダービー／③国教会高位聖職者

Lord Aldenham（Henry H. Gibbs）
① 1907 没／②ロンドン／⑤教会建築

Peter John Anderson
① 1926 没（73 歳）／②アバディーン／③大学図書館員／⑤地理、地方誌

Lewis André
① 1901 没（68 歳）／②ウェスト・サセックス／④FSA、アンティカリ／⑦イギリス人（ジュネーヴ系）

William Andrews
① 1908 没（60 歳）／②ハル／③出版業、図書館員／⑤ヨークシャほかの地方史

Samuel Arnott
① 1904 没／②ロンドン／③国教会

John Christopher Atkinson
① 1844－1900／②ヨークシャ／③国教会／④アンティカリ／⑤地方誌、自然誌

William Edward Armitage Axon
① 1846－1913／②マンチェスタ／③マンチェスタ・ガーディアン紙図書館員／⑤文学、地方誌／⑥EB、DNBほかに寄稿

Francis Joseph Baigent
① 1918 没（88 歳）／②ウィンチェスタ／③画家／④アンティカリ／⑤教会史、風俗習慣、地方誌

J. T. Herbert Baily
① 1914 没／③雑誌発行者、伝記作者／⑤ナポレオン研究

G. F. Russell Barker（G. F. R. B.）
① 1927 没（78 歳）／②オクスフォード／③歴史家

Francis Rierrepont Barnard
① 1854－1931／②リンカンシャ／③④リヴァプール中世考古学協会長、フランス・アンティカリ協会員／⑤コイン、メダル

Alfred Beaven Beaven
① 1924 没（77 歳）／②ウォリックシャ／③学校教師／⑤人物／⑥DNBに執筆

Edward Bensly
① 1863－1939／②ハートフォードシャ／③大学教師（古典学）／⑤多分野

R. W. Binns
① 1901 没／②ウスタ／④FSA／⑤ロイヤル・ウスタ（磁器）研究

Thomas Bird
① 1900 没（88 歳）／②ロンドン／④アンティカリ、エセックス考古学協会ほか

David Blair
①1899没（79歳）／②メルボルン郊外／③ジャーナリスト／⑤オーストラリア史／⑥『サイクロペディア・オブ・オーストララシア』／⑦オーストラリアに渡り、現地から寄稿

Thomas Blashill
①1830-1905／②ロンドン／③建築家／④アンティカリ／⑤考古学、建築

Horace William Bleackley
①1931没（63歳）／②ローザンヌ（スイス）／③文筆家／⑤多分野（人物、冒険）／⑦イギリス人、スイスで療養

Florence Winifred Say Bloxham
①1939没／②ケンブリッジ／⑤人物

Frederic Boase
①1917没／②イースト・サセックス／③ソリシター、図書館員／⑤多分野（書誌、文学）

Charlotte Gilson Boger
①1903没（77歳）／②ロンドン／③牧師夫人

Edward M. Borrajo
①1909没／②メルボルン／③ロンドンの図書館員／⑤図書館／⑦スペイン人外交官の息子、オーストラリアで療養

W. G. Boswell-Stone
①1904没（59歳）／⑤シェイクスピア

Walter Consitt Boulter（W. C. B.）
①1912没／②サリー／③法律関係、聖職者、大学研究員／⑤人物／⑥OED、DNBに寄稿

J. R. Boyle
①1907没／②ハル

Henry Bradley（二篇。速報と詳報）
①1845-1923／②オクスフォード／③OED編集者／⑤英語学、英語史／⑥OEDの編集、執筆

T. N. Brushfield
①1828-1910／②デヴォン／③医師／④FSA、アンティカリ／⑤文学、歴史／⑥OEDに寄稿

A. H. Bullen
①1920没／②ダービーシャ／⑤エリザベス朝研究、古謡

John Malcolm Bulloch
①1938没（70歳）／②サセックス／③編集者／⑤文学、歴史、人物

George Dames Burtchaell
①1853-1921／②ダブリン／④アンティカリ／⑤紋章学、系図学

Rachel Harriet Busk
①1907没／②ロンドン

Robert Buss
①1930没（69歳）／②ロンドン／⑤系図学、ミルトン／⑦ユグノーの子孫

Marquis of Bute
①1900没

James Davie Butler
①1815-1905／③ウィスコンシン大学（古典学）／⑤多分野、世界各地を旅行／⑦アメリカ人

それから一九三〇年ごろまでは五～六篇となり、以降は年に数篇で推移していく。英文学の専門誌化すると、オビチュアリはほとんど見られなくなる。

掲載される場所は、巻末の雑報欄であり、編集後記、書評、出版案内などに交じって見いだされる。「オビチュアリ」とは明記されない例のほうが多い。統一的な書式はなく、量は五行程度から、一ページを超えるものまである。執筆者もさまざまで、編集部、読者からの投稿、編集部が故人に近しい投稿者に依頼したもの、『タイムズ』などの記事を転載した例が見られた。記事の内容は、名前（イニシャルのみ、あるいはペンネームによる投稿者の場合、ここで本名があかされる）、家族、経歴、職歴、『N&Q』への主な投稿、初投稿、最後の投稿、著作、死亡地や住所などから構成される。

それでは、オビチュアリから読みとれることの分析に入りたい。あまりに膨大なため、ここでは全データを示すことはしない。表3-2は、オビチュアリの出た二二九人のうち、名字のイニシャルがAおよびBである三七人について、その生没年、死亡地、職業などを示したものである。この表から、投稿者たちの実像を全体的につかみたい。

まず死亡地を見ると、国内各地に散らばっており、投稿者がロンドンにも地方にもいたことがわかる。職業は、かなり多様であるが、聖職者、法律家、医師、教員、ライブラリアン（図書館員）、出版関係者が目につく。一九世紀のイギリスで身分的に確立し、激増したとされる知的専門職に従事するひとびとである。まさに本書でくりかえし言及してきたアマチュアの知識人、学者たちというべきであろう。他方、プロの研究者というべき大学教員は少なく、エドワード・ベンズリー、ジェイムズ・バトラーなど何人かが数えられるだけである。

アンティカリが多い点も指摘しておきたい。アンティカリと明記されているケースのほか、肩書きにFSA、すなわちアンティカリ協会（Society of Antiquaries of London）会員（フェロー）とある人物が少なくない。遺跡、古銭、地方誌などを調査、収集したアマチュアの古事物研究者たちで、やはり近代イギリスに特徴的なグループであった。なお、アンティカリは職業ではない。個人の「趣味」にあたる部分であり、職業としては右のような専門職に就いているケースが多い。『N&Q』に集っていたのは、およそこのようなひとびとだったのである。

熊楠が帰国後に記した「履歴書」では、大英博物館の重鎮だったA・W・フランクスとの初対面について、「英国学士会院」のメンバーで、「諸大学の大博士号」をもつ七〇歳近い老人が、「和歌山の小さき鍋屋の悴《せがれ》と生まれたものが、何たる資金も学校席位も持たぬ、まるで孤児院出の小僧ごとき当時二十六歳の小生」に、ここまで親切にしてくれたことで、「今日始めて学問の尊きを知る」と述べている。学問という共通の関心をもつことで、出身、学歴、性別、年齢、所属、職業、身分などを超えた関係が構築されていたのである。

もうひとつ注目したいのが、『OED』、『DNB』、『エンサイクロペディア・ブリタニカ（EB）』への寄稿者が多数認められる点である（デヴィッド・ブレアの『サイクロペディア・オブ・オーストララシア』もふくめていいだろう）。関連の編集者、出版者のオビチュアリもいくつか見られる。ヘンリー・ブラッドレーが『OED』の編集者であったほか、A〜Bからは外れるが、同じく『OED』編集者のジェイムズ・マレーとF・J・ファーニヴァル、『DNB』の出版者のジョージ・スミス、さらに夫の死後に版権を引き継ぎ、補遺を出版したスミス夫人が挙げられる。次章では、『N&Q』の投稿者と各種辞書、事典の関係をとりあげていく。

オビチュアリとは別に、投稿者の国籍について調べたことがある。投稿者の多くは当然ながらイギリス人だったが、アメリカ人、フランス人も相当数おり、それ以外のヨーロッパ諸国からの投稿もあった。イギリスの海外植民地からのものも一定数を占め、植民地官僚などのほか、少数ながら現地人による投稿も見られた。アジアからの投稿者としてはインド人が初期から認められるが、大量の投稿を長期間にわたってつづけたのは熊楠が最初である。熊楠に次ぐ日本人投稿者は佐藤彦四郎で、一九二四〜三八年に二七篇が掲載された。佐藤は芝川商店という商社のロンドン駐在員で、熊楠とも交流があった（詳しくは、工藤哲朗・志村真幸「イギリスの学術空間における日本人アマチュア――『N&Q』の中の南方熊楠と佐藤彦四郎」

／拙著『未完の天才　南方熊楠』）。第二次大戦後は斎藤勇《たけし》、荻田庄五郎（いずれも一九五一年）など英文学者による投稿が見られるようになる。

郵便制度の恩恵

イギリスで雑誌が一九世紀半ばから隆盛したのには、いくつか理由がある。ひとつは、一八三〇年代に印刷に関する技術革新が起きたことだ。もちろん、それ以前から新聞や雑誌といった定期刊行物は発行されていたものの、部数もページ数も少なかった。購読料も高く、配達可能な範囲も狭かった。ところが、一八一二年にドイツのフリードリヒ・ケーニヒとアンドレアス・バウアーが蒸気機関を用いたシリンダー印刷機を発明し、一八一四年にイギリスの『タイムズ』でも導入される。一八三〇年代には一時間に一〇〇〇枚が印刷できたという。さらに一八四三年にアメリカのリチャード・ホーによって輪転機が開発されて高速印刷が可能になり、『タイムズ』も一八五三年から用いている。

印刷技術の革新は、多数の新聞や雑誌を生み、ページ数を増やし、なおかつ購読料を下げることにつながった。結果として読者層も拡大し、知識人からワーキングクラスまでが定期刊行物の読者となっていったのである。

もうひとつ重要だったのが、一八四〇年のローランド・ヒルによる普通郵便制度の開始であった。切手による前払い制、安価な均一料金、全国規模での郵便網整備により、雑誌を各地の購読者に届けることができ、同時に投稿者からの原稿が安価・迅速・確実に編集部へもたらされた。雑誌の購読者たちは、読むだけ、すなわち受け手であるのみならず、みずから発信できるようにもなった。これによって全国規模の交流が雑誌上で成立していく。『N&Q』のオビチュアリでも、全国各地からの投稿者が確認できたとおりである。つけくわえておけば、一八四〇年代はイギリスのほぼ全土に鉄道網が完成したタイミングでもあった。投稿者からの原稿も刷り上がった雑誌も、郵便制度のもとで鉄道によって運ばれていったのである。

こうしたネットワークはイギリス国内に留まらなかった。熊楠は一九〇〇年にイギリスを離れて帰国したが、それ以後も『ネイチャー』と『N&Q』にさかんに投稿しつづけた。一八七四年に万国郵便連合が成立して国際郵便網が整備され、一八七七年に日本も加盟していた恩恵によるものであった。イギリスと日本を結ぶ郵便は当初は船で、一九一九年のシベリア鉄道全通後は陸路で運ばれた。こうした制度が整えられたことで、『ネイチャー』や『N&Q』は、イギリス全土および世界各地から、無数の投稿者を集めることができたのであった。

検閲制度にもふれておこう。マルクスの生まれ育ったドイツの検閲制度はきわめて厳しいものであった。フランスは制度的には検閲はないものの、発行許可に高額の費用がかかるなど、実質的な規制があった。これに対してイギリスでは、一七世紀末に検閲制度が廃止されて久しかった。みずからの考えや意見を自由に発表できたのみならず、検閲という「手間」がないため、スピーディに雑誌が発行できたのである。

このように出版が容易になり、全国から読者を募ったことで、一九世紀半ばのイギリスには大量の雑誌が出現した。ジャンル、購読者層、記事内容、購読料はさまざまで、『ネイチャー』のような科学誌、『エディンバラ・レヴュー』のようなレヴュー誌、『イラストレイティッド・ロンドン・ニューズ』のようなヴィジュアル誌、『ジャーム』のような文芸誌、『アセニウム』のような総合誌などが挙げられる。

そのなかのひとつのジャンルとして、学術誌があったのである。くりかえしになるが、『ネイチャー』も『N&Q』も特定の学会に付属するものではなく、購読料さえ払えば誰でも取り寄せ、読み、投稿できた。さらにいえば、『N&Q』の投稿者たちが、特定の雑誌にのみ投稿していたと考えるべきではない。むしろ、複数の雑誌や新聞に関わっていたとみなすのが自然だろう。熊楠にしても、イギリスの『ネイチャー』と『N&Q』、オランダの『フラヘン・エン・メデデーリンゲン』に英語で投稿したほか、日本国内では『学芸志林』『東京人類学会雑誌』『植物学雑誌』『不二』『日本及日本人』など多数の雑誌にまたがって活躍した。無数のアマチュアとプロが、さまざまな雑誌で入り混じり、総体としての学術世界が構成されていたのであった。

もうひとつつけくわえておくと、一冊の本を書き上げるのは大変である。数百ページの内容を、破綻がないように構成し、文章にも気をつかって執筆しなければならない（余談になるが、熊楠はそうした力に欠けていたために、きちんとした著書を残せなかったのだと思う）。それに対して雑誌に一篇の論考を投稿するのは比較的簡単だ。短くてすむし、ひとつのテーマなり事実なり発見なりを示すのみでよい。多くのひとが気軽に参加できる学問形態だったのである。そしてそれは読む側にとっても同様であった。一冊を読み通すのにくらべて、一篇の論考に目を通すのには、たいした時間はかからない。しかも、もくじを見て、関心をひかれたものだけを選べばいい。

このようにして、誰もが科学や学問に参加できる体制が整えられていったのである。それぞれの参加者が多様な関心をもっていることで、学問そのものの幅も広がっていく。なおかつ『ネイチャー』や『N&Q』は週刊誌であった。毎号、誌面に大量の論考が掲載され、質疑応答や議論によって「正しいもの」が選び出されていく。こうした仕組みによって学問は、進歩のスピードと正確さをアップさせていったのである。

ダーウィンの書簡

ここでダーウィンに再登場してもらおう。一八三九年一月二九日に従姉のエマ・ウェッジウッドと結婚したダーウィンは、ロンドン市内で引っ越して、アッパー・ゴウアー街の屋敷に移った。しかし、一八四〇年六月に大学時代の友人のフォックスに宛てた書簡で、ロンドンの街が大嫌いであり、生涯にわたってここで暮らすなどとてもできない、と述べるなど、都市生活が肌に合わなかったようだ。持病もちだったのも、都会に馴染めない原因のひとつであった。

一八四二年九月一四日、ダーウィンは妻とともにケント州のダウンという小さな村に転居した。父から二二〇〇ポンドの資金提供を受けてダウン・ハウスと呼ばれる屋敷を購入し、終生をここで暮らすことになる。ロンドン中心部から最寄り駅までは一〇マイル、ダウン・ハウスはそこからさらに八・五マイル離れたところに位置していた。そのため、後半生のダーウィンは郵便でのやりとりが主となった。

一八四〇年の普通郵便制度は、いろいろな点で社会を変革させたが、学問もまた大きな恩恵を受けたのである。ダーウィンがダウンへ引っ越したのも、まさに郵便制度が軌道に乗りはじめていた時期であった。ダーウィンの書簡は、みずから出したものと来簡を合わせて約一万五〇〇〇通が確認されており、現在も翻刻と出版が進められている。

ダーウィンというとビーグル号の印象が強いせいか、世界中を旅したようなイメージがあるが、実はそれ以外で国外に出たのは、一八二七年にエディンバラでの学業を放棄したのち、五月末から叔父のジョサイア・ウェッジウッドに連れられて、パリに行った一度きりであった。

このあたりは熊楠にも重ねられる。熊楠はアメリカ時代こそサンフランシスコ、ミシガン、フロリダ、キューバ、ニューヨークと各地を旅したが、イギリスに渡ってからは出不精になってしまう。八年もいたイギリスで、ロンドンから出たのはたった一回で、それもロンドン市内からわずか数駅のラウトンという町へ、友人のアーサー・モリソンに招かれたときのみであった。帰国後も、和歌山でずっと暮らし、県外には四回しか出ていない。

ダーウィンもそうだが、熊楠がロンドン時代以降に遠出しなくなったのは、そうしなくても問題ないことに気付いたからだろう。図書館、雑誌、郵便といったインフラ整備によって、知の世界は大きく様変わりした。それは個人の研究にとっても大きな変化であったし、学問の在り方そのものにも影響を与えた。すなわち、ひとりですべてやるのではなく、郵便や雑誌を通じ、協力して進める仕組みができたのである。現在のインターネット上にある「集合知」にも近いかもしれない。

研究にとりくむ個々人に、情報収集の必要や名誉欲があったのはまちがいない。しかし、それだけではなかったのが、学問に熱中したアマチュアたちのおもしろい点である。みずからの発見や知識が雑誌上に公表されることで、誰もがアクセスし、利用できる仕組みが整った。それによって、公共の利益への意識とでも呼べるようなものがあらわれていったのである。

論考は「発表したらそれで終わり」ではない。誰かが質問したり、反論したり、あるいは新たな知識が提供されたりすることで、学問は発展していく。学問に励み、論考を発表することは学者同士の横のつながりを生み、コミュニケーション手段として機能した。次章では、その成果として出現した大辞書、大事典の世界をのぞいてみたい。

第4章　マレーと『オクスフォード英語大辞典』

――知識の集積と活用

『OED』こと『オクスフォード英語大辞典』

英語が大好きだったり、英語教師を生業《なりわい》としていたり、英文学やイギリス史に関心があったりするひとたちの憧れの辞書といえば、『OED』（図4－1）こと『オクスフォード英語大辞典』だろう。紺色の背表紙（第二版）がずらりと二〇巻以上も並ぶなかから、必要な一冊を抜き出し、ページをめくり、求めている語を探しあて、発音、語形、語源、用例をじっくりと読む。数十行、なかには数ページにおよぶ項目もあり、いつしか読むこと自体が楽しみとなっていく。

『OED』は、英語に関する史上最大の辞典であり（近年のオンライン辞典には上回っているとされるものもあるが）、もっとも権威をもち、世界中で信頼されている。熊楠の『N＆Q』デビュー作である「水平器の発明」に、編集部から『OED』をもとにした回答が示されたのは、前章で見たとおりだ。

この巨大な辞典は、ジェイムズ・マレー（一八三七～一九一五年、図4－2）という言語学

4－1 『オクスフォード英語大辞典（OED）』（Alamy/アフロ）

者によって編纂《へんさん》された。マレーのことは、サイモン・ウィンチェスターによる『博士と狂人――世界最高の辞書OEDの誕生秘話』（一九九八年）というノンフィクションで知った方がいるかもしれない。この「博士」にあたるのがマレーである。二〇一九年にはアメリカで映画化もされ、メル・ギブソンがマレー役を演じた。

しかし、何十巻にも及ぶ大辞典を、ひとりでつくりあげることなど、本当にできるのだろうか？　しかも、辞書『OED』を特徴づけるのは、「用例主義」である。辞書において語義を説明する方法にはいくつかのタイプがあり、用例主義とは、実際に文章内で使われた例を示すことで意味を浮かび上がらせるものをいう。『OED』は歴史的用例主義をとっており、文献上に見られるもっとも早い例と、その後の変遷をたどって収録している（ただし、有名な文献にかたよっている傾向はある）。

たとえば、「Japanese」の語なら、一五八八年にファン・ゴンサーレス・デ・メンドーサの『シナ大王国誌』が英訳された際、Iapones の綴《つづ》りで日本人が中国人に向ける感情を説明した一文にあらわれたのが最初で、つづいて一七一九年にダニエル・デフォーの『ロビンソン・クルーソー』に Japponese の綴りで「日本人商人」の用例がある、といった具合だ。ちなみに、Japanese の綴りは一八六〇年のトマス・カーライルの『書簡』が初出とされている。

マレーの手がけた第一版についていえば、一九二八年に全一〇巻で完結したときの収録語は四〇万以上に及んだ。かならずしもすべての語に用例が出ているわけではないが、あらゆる語を対象として、書物やパンフレットや手書き文書をチェックし、いちばん古い例だけを選び出し、収録している（そして二番目以降の用例は捨てられる）。とてつもない労力だ。

4－2　ジェイムズ・マレー
(akg-images/アフロ)

当然のことながら、こうした作業がひとりだけの力でできるはずがない。かといって、何十人、何百人も研究者を雇って仕事をさせるのも不可能だ。そんな大勢に給料を払っていたら、とても引き合わない。かわりに作業に携わったのが、無数のアマチュアたちであった。彼ら彼女らが無償のヴォランティアとして作業することで、『ＯＥＤ』はつくられたのである。

マレーがおこなったのは、編纂作業の中心となり、協力者たちを牽引しつづけ、集まってきたデータをまとめあげる仕事であった。本章では、マレーを中心にしながらも、彼だけではなく、『OED』をつくった無数のひとたちを見ていきたい。

アマチュア言語学者マレー

マレーは、スコットランドのホイック近郊のデンホームという村に生まれた。父のトマスは生地商であった。マレーは村の学校に通ったのち、経済的な理由から一四歳で働きに出る。一七歳のときにはホイック・グラマースクールの教師となっており、早くから学問的な才能を示していたようだ。転機となったのは妻の病気で、スコットランドの寒さを避けて、ロンドンへ移った。インド銀行に職を得たマレーは、言語学、なかでも語源の問題に関心を抱き、大英博物館のトマス・ワッツらと交流するなかで、ヨーロッパ諸言語間の関係性を研究しはじめる。一八七三年には銀行を辞め、ミル・ヒル校という中等学校の教員になった。

すなわちマレーは、出身としてはワーキングクラスの上層かミドルクラスの下層で、ほとんど学歴をもたない。銀行員や学校教師の仕事の合間に、言語学の研究にとりくんだ、典型的なアマチュア学者といえよう。

一八六九年にマレーはロンドンの言語学協会（一八四二年設立、言語の歴史や構造についての研究、普及を目的とした学会）のカウンシル（委員）に就任し、一八七三年に『スコットランド南部の方言』を出版するなど、言語学者としての名声を高めていく。とくに語源の問題、英語の方言に詳しい研究者として知られ、このことが『OED』とマレーを結びつけることになる。

『OED』は、そもそもの始まりから完成までに、なんと七〇年以上もかかった。スタートしたのは一八五七年で、言語学協会で構想が発表され、R・C・トレンチ、H・コールリッジ、F・ファーニヴァルの三人が編集者に決まった。三人とも無給であり、まさにアマチュアの仕事だったといえる。当初は、既存の英語辞書に掲載されていない単語を収集し、一冊にまとめることをめざした。辞書に日常的に使われる普通語を収録しないなどということは、現在からすると不思議に感じられるかもしれないが、かつてはけっしてめずらしくなかった。誰もが知っていて、毎日のように使用する単語の意味は、わざわざ定義しなければならないとは思われていなかったのである。

ところが、翌一八五八年に二つの重大な方向転換がなされる。まず、普通語をふくめたすべての英単語を収録することになった。そして第二に、用例を古い英語の文献から集め、意味や語形の歴史的変遷を示す方針が打ち出されたのである。現在、『OED』の恩恵にあずかっている我々としては、たいへんありがたい変更であった。しかし、それには大量の文献を調べなければならず、わずか数人の編集者では、とても対応できない。

そのために導入されたのが、ヴォランティア・リーダーと呼ばれる仕組みであった。ヴォランティアと付いているとおり、無給で作業してくれる「読み手」のことで、彼ら彼女らは編集者から指定された文献に目を通し、語の初出、意味、用例を調べる作業を任された。ヴォランティア・リーダーたちは、クオーテーション・スリップと呼ばれる用紙に引用文をメモし、編集部に送った。そのスリップを編集者が整理、取捨選択のうえ、辞書に掲載するのである。

コールリッジらがヴォランティア・リーダーを募集したところ、言語学協会の内外から、すぐに約一五〇名が集まった。ヴォランティア・リーダーたちには担当すべき文献とスリップが送られ、作業が開始された。スリップは白い便箋を二つ折りにしたもので、左上に見出し語、その下に文献の年代、著者、タイトル、そして最後に引用文全体を書き写すことになっていた。

たちまちスリップが集まりはじめ、編纂作業は順調に進むと思われたのだが、中心になっていたコールリッジが一八六一年に亡くなったことで停滞してしまう。次の編集長となったファーニヴァルはあまり熱心でなく、一五年もの空隙が生まれた。しかし、ファーニヴァルも重要な仕事を二つ残した。ひとつが、サブ・エディターの設置である。こちらも無給の有志を募ったもので、アルファベットの一文字分ないしその一部を担当し、ヴォランティア・リーダーから送られてきたスリップを整理して原稿をつくり、編集長にわたす役割をはたした。もうひとつは、一八六四年に初期英語文献刊行会を設立し、そこで発行した資料をヴォランティア・リーダーに配付したことであった。

一八七六年にマクミラン社が出版を検討しはじめたことで、編纂作業の再開に向け、マレーが新しい編集長候補にあがる。マクミラン社との話は流れてしまったものの、一八七九年にオクスフォード大学出版会が引き受けることが決まり、またこの時点でマレーに報酬が支払われることになった。ただし、きわめて少額で生活に困るほどだったという。

ヴォランティア・リーダーたち

マレーはミドルセックスのミル・ヒルにあった自邸内に編纂資料室を建て、一八七九年三月末に編纂作業を開始した。コールリッジらから引き継いだスリップは約二〇〇万枚にのぼったが、マレーの目には資料不足と映ったようで、とくに普通語が足りないとして、四月末に改めてヴォランティア・リーダー募集のチラシをつくって配布した。

「アピール」として知られるもので、イギリス、アメリカ、イギリス植民地での英語使用者を対象としており、さまざまな出版社や新聞社を通して告知された。すぐさま反応があり、応募者は年末までに約八〇〇名にのぼった。最終的には国内外合わせて約二〇〇〇名にまでなる。イギリスのほか、アメリカ、オランダ、オーストラリア、ニュージーランド、インドからも応募があり、日本からの協力者としてジェイムズ・M・ディクソンの名も確認される。東京帝国大学で英文学を講じ、夏目漱石の師としても知られる人物だ。

マレーのもとには、ヴォランティア・リーダーたちからのスリップが毎日一〇〇〇枚も届き、最終的には約五〇〇万枚にのぼった。これをマレーと助手たちが整理、確認して、採用と不採用を決めていったのである。ヴォランティア・リーダーたちの貢献は驚くほどで、たとえばT・オースティンという人物は約一六万五〇〇〇枚、W・ダグラスは約一三万六〇〇〇枚という大量のスリップを送った。前章で指摘したのと同じく、ここにも郵便制度の恩恵があった。

『OED』第一巻の巻頭には、「ヒストリカル・イントロダクション」として、編纂経緯の説明がある。そのなかの七章一節に、「寄稿者たち」の項目があり、二百数十名の主たるヴォランティア・リーダーが列記されている。このなかにはたとえば、熊楠と『N&Q』誌上で交流のあったJ・プラット・ジュニアの名が見える。プラットはロンドンのシティにある父親の羊毛会社で働きつつ、大英博物館のリーディング・ルームに通うアマチュア言語学者であった。マレーの孫のK・M・エリザベス・マレーが執筆した『ことばへの情熱――ジェイムズ・マレーとオックスフォード英語大辞典』（一九七七年）にも登場し、アフリカやアジアの言語について相談にのることがしばしばだったという。

同じく七章二節の「サブ・エディター」の項目にも、『N&Q』を通して熊楠と交流があったひとたちが見つかる。以下、何人か紹介しよう。

オルデナム卿は貿易商・銀行家で、イングランド銀行総裁、シティ選出の下院議員まで務め、書物の収集家、文化学術事業のパトロンとしても知られた。一八五九年に言語学協会に加入し、マレーと屋敷が近かったこともあり、初期から仕事を手助けした。サブ・エディターとしてCの項目を担当したほか、初期の校正刷りをすべてチェックしたという。また、オルデナム卿はオクスフォード大学に多額の寄付をおこなっており、かなりの影響力をもっていたため、マレーとオクスフォード大学出版会が争った際に仲裁に入った。一八八四年に政府からマレーへ年金が支給されるようになったのも、オルデナム卿のおかげであった。

第2章でもふれたエルワージは、サマセットシャ在住のアマチュア言語学者で、とくにイングランド西部の方言を専門とした。植物学、考古学、民俗学等についての著作もある。マレーとは家族ぐるみで親しく、マレーは休暇を利用して何度もエルワージを訪ね、エルワージ邸で編纂作業をおこなうこともあった。エルワージは方言の収録で『OED』に貢献し、その夫人もヴォランティア・リーダーとして働いた。

W・W・スキートもアマチュア言語学者であった。ただし、聖職者、数学教師を経て、一八七八年にはケンブリッジの古英語講座（アーリントン・アンド・ボズワース講座）の初代教授になっている。その伝手《つて》でケンブリッジ大学出版会の特別評議会に『OED』出版を打診したこともあるが、不首尾に終わった。古英語の知識を生かして語源に関する研究にとりくみ、『OED』に貢献している。オクスフォード大学出版会の学術出版部にあたるクラレンドン・プレスから出た『英語語源辞典』（一八七九〜八二年）は、その副産物であった。

七章三節には、マレーのもとでスリップの整理などにあたった有給の助手（アシスタントと呼ばれた）が出ている。「プロ」が明確に区別されなければならなかったことと、無給のアマチュアたちよりもあとに配置されていることがわかる。ヴォランティア・リーダーたちは、自分の名がプロと同じ区画に並べられることには我慢ならなかったにちがいない。

『N&Q』から『OED』へ

『N&Q』のオビチュアリには、『OED』への貢献がしばしば見いだされる。W・C・Bは、ずっとイニシャルのみで投稿しつづけ、オビチュアリで初めて本名がウォルター・コンシット・ブールターであるとあかされた。法律家、国教会聖職者、大学の研究員などを務めた人物である。『N&Q』には一八六四年以来、五〇年近くも投稿をつづけ、総数は約一八

○○篇に及んだ。熊楠と同じ論題にも五回投稿している。一九一二年二月一七日号に出たオビチュアリには、「彼は長年にわたって『NED』の寄稿者であり、最近では、四半期ごとの『NED』分冊に、［……］その博識でもって貢献してきた」とある。『OED』は、初期の構想段階から一九二八年の第一版出版までは、『ニュー・イングリッシュ・ディクショナリー』というタイトルで、『OED』という名称が全面的に使われるようになるのは、一九三三年の補遺（とともに、あらためて全体を一三巻で出版して）以降であった。それまでは一般に『NED』と呼ばれていた（本書では、一九三三年以前についても、便宜上、『OED』と表記している）。

マレーは『OED』の完成を見届けることなく、一九一五年七月二六日にこの世を去った。『N&Q』には、早くも七月三一日号に、かなり長めのオビチュアリが掲載されている。そのなかでは、まず「偉大な辞書」への長い賛辞が述べられ、つづいて「膨大な数の学究の徒や読書家が、さまざまなかたちで辞典に寄与したことはよく知られているだろう。［……］『N&Q』がずっとその作業に参加してきたことを思い起こすのは喜びである。サー・ジェイムズは本誌のクエリー欄でしばしば読者に質問を投げかけた。そして辞典のそこかしこに、投稿者たちから寄せられた変わった用例、めずらしい語が収録されたのである」と記されている。

すなわち、マレーは『N&Q』を情報収集に利用し、投稿者たちが提供した用例や語を『OED』に採用していたのである。実際に確認してみると、こうしたクエリーは、四〇〇篇以上にのぼる。しかも、その多くはクエリー欄の冒頭に置かれており、編集部から重視され、読者にも見つけやすくなっていたことがわかる。

マレーの『N&Q』への最初の投稿は、一八七九年一〇月二五日号の「言語学協会のニュー・イングリッシュ・ディクショナリー」であった。署名は「ザ・エディター」とあるのみだが、『N&Q』編集部注記で、マレーの名と連絡先が示されている。この投稿には、『N&Q』の読者のみなさん、言語学協会のニュー・イングリッシュ・ディクショナリーは、英語のすべての単語について、例文を示そうとするものです。以下の単語のどれでもいいですから、引用例（書名、巻号、ページ、版についての正確なレファレンスとともに）を送っていただけないでしょうか」として、Abacist から始まる八〇語ほどが載せられている。つまり、ヴォランティア・リーダー的な役割を『N&Q』の読者たちに要請したのであった。Abacist は、アバカスと呼ばれるソロバンに似た計算器具を使いこなすひとという意味である。

並べられているのは ab- で始まる単語ばかりで、マレーの作業がスタートした直後だったことが読みとれる。これ以降、マレーは誌上で同様のクエリーをくりかえし出していく。たとえば「クーリエ courier」というクエリーがある。一八九二年七月二日号に出たもので、

「クーリエ。これについて、一八三八年以前の、以下のような意味の用例を教えていただければありがたい。旅に同行する召使い、従者。わたしが考えるに、これはイギリス人がグランド・ツアーをするようになってから使われるようになったものであり、一八世紀の関連の書物のなかに見つかるのではないかと思う。もともとクーリエは、単にある距離、ある一日だけ雇われた騎手であり、［……］こうした人物が常雇いになったのはいつだろうか」と質問している。しかし、これにはリプライが出なかった。実はマレーのクエリーの多くには、リプライが出ていない。

一九一三年一一月二九日号のクエリーである「トラム・カー tram-car」の場合には、一二月一三日号にW・ジャガードら三人からリプライが出たものの、『OED』には採用されなかった。マレーを納得させるだけの用例がなかったのである。このようにマレーのクエリーは空振りに終わることが多かったようだ。見つけ出すのが困難な語や用例について、『N&Q』に頼っていたためだろう。

マレーは収録する語について、専門機関、専門家に問い合わせることがしばしばで、外国産植物についてはキュー・ガーデン、天文学用語はグリニッジ天文台、文学についてはジョージ・エリオットやロバート・ルイス・スティーヴンソンに尋ねたと伝わっている。こうしたなかに『N&Q』も位置づけられるのである。

もちろん、採用された例もある。一九一三年一一月一日号に出た「「トラップス traps」」では、「「トラップス」は日常的には、「所有者が持ち歩けるような個人的財産」という意味で使われるが、これは一九世紀になってようやくあらわれたもので、おそらく最初は方言だったのであろう。[……]方言でもスラングでも文芸上のものでも、誰か用例を送ってくれないだろうか。できれば一八二八年以前のものを」と問いかけたところ、同月一五日号でJ・H・レズリーがリプライを返し、「一八一三年四月四日に書かれた手紙に、「残りはジョリー・キャプテンのシャツや靴下などであり、それからほかに持ちものとして靴がある」という一文がある」と記した。「持ちもの」にあたる部分が traps である。これはそのまま『OED』に採用されている。マレーはこのようにして、『N＆Q』を『OED』のために利用していたのであった。

一八八四年二月一日、ついに『OED』の第一冊が世に出る。「A-Ant」を収め、全三五二ページ、売価は一二シリング六ペンス。発行部数は四〇〇〇部であった。

以後は複数の編集者を並立し、独自に編纂を進めさせる体制となり、H・ブラドレー、W・クレイギー、C・T・アニアンズが編集にくわわった。そして、一九二八年四月一九日に最終巻(第一二五冊)「Wise-Wizen」が発行され、ようやく『OED』は完成した。計四一万四八二五語、一八二万七三〇六件の用例を収める巨大な辞書には、七〇年以上もの時間と数えきれないほどの協力者を必要としたのであった。

『OED』はマレーがすべてを調べてつくりあげたのではなく、ヴォランティア・リーダーやサブ・エディターといった、自発的かつ無償の協力者たちが集まり、作業を分担することで完成した。彼ら彼女らがいたからこそ、これだけの規模の辞書が成立しえたのだといえよう。

『広辞苑』（一九五五年）を編纂した新村出《しんむらいずる》は、一九二一年にイギリスを訪れた際、オクスフォードの『OED』の編集現場に足を運んだことが知られている。その際にマレーの方法を学んだのかは定かでないが、『広辞苑』も多数の協力体制によって作成されていくことになる。それはたとえば、ひと世代前の辞書である『言海《げんかい》』（一八八九〜九一年）が大槻文彦《おおつきふみひこ》のほとんど独力でつくられたのとは異なった。

『エンサイクロペディア・ブリタニカ』

一九世紀後半から二〇世紀前半にかけてのイギリスでは、『OED』のほか、『イギリス人名事典』、『エンサイクロペディア・ブリタニカ』の第九〜一一版が出た。他の欧米諸国でも、ドイツでグリム兄弟による『ドイツ語辞典』、オランダで『オランダ語辞典』、フランスでリトレの『フランス語大辞典』『ラルース大百科事典』、アメリカで『ウェブスター大辞典』など、大辞書、大事典が次々とあらわれた。これらの多くも『OED』と同様に、多数の協力者たちによる協働作業の成果であった。

『イギリス人名事典』と『エンサイクロペディア・ブリタニカ』にも、『N&Q』の投稿者が何人も確認される。『イギリス人名事典』は、一八八二年に出版者のジョージ・スミスが発案し、文筆家のレズリー・スティーヴンが編集を担当した。スティーヴンはS・リーら若手のジャーナリストや歴史研究者を編集助手として作業を進めたが、原則として外部に原稿を依頼した。その一覧が『イギリス人名事典』の冒頭に出ており、『N&Q』の関係者として、W・E・A・アクソン、A・B・ビーヴェン、W・C・B、J・フーパー、G・ノーゲイト、T・E・ページ、J・ヴェンなど二〇名あまりが見いだされる。

マレーを真似したのかは不明だが、スティーヴンも『N&Q』を利用して情報収集を進めた。一八八三年一月一三日号の『N&Q』巻頭には、「新イギリス人名事典」と題したスティーヴンのノートが掲載されている。「ここで訴えさせていただきます。読者のみなさん、わたしがいま編集にとりかかろうとしている新しい『イギリス人名事典』を助けていただけませんか」として、Aの項から収録候補者のリストをつくりはじめていることを述べ、「すでに何人もの名高い歴史の権威たちから助力の約束をとりつけています。しかし、伝記という特殊な分野においては、すべての階級の人物、なかでもあまり知られていない人物についてもきちんと扱いたいので、できるだけ多くの、学究の徒たるみなさんにお手伝いをお願いしたいのです」とアピールしている。

それ以後も、バイロンとメアリ・チャワースの関係について読者から情報を求めたり（一八八五年三月二八日号）、W・C・Bのもたらしてくれた情報に個人的な感謝を捧げたりしている（一八八八年一月七日号）。そして『DNB』は、一八八五年一月一日に第一巻「Abbadie-Anne」が発刊されると、以後は季刊で進行し、一九〇〇年六月に第六三巻「Wordsworth-Zuylestein」が出て完成した。

『エンサイクロペディア・ブリタニカ』は、『OED』や『イギリス人名事典』とは異なり、一八世紀後半にあらわれた事典で、第一版は一七六八〜七一年に全一〇〇分冊で発行された。フランスの『百科全書』の流れを汲んで大項目主義（大きなテーマのもとに関連の諸項目を収めたもの）を採用し、学識者ら四〇名あまりによる論文を掲載したものであった。しかし、一九世紀にくりかえされた改版のなかで、次第に小項目主義へ移行していき、一八三〇〜四二年に出た第七版以降は、イギリス国内外から多数の執筆者を集めて制作されるようになる。

とくにT・S・ベインズが編集長となった一八七五〜八九年の第九版で徹底的な改訂がなされた。第九版は歴代の『エンサイクロペディア・ブリタニカ』のなかでも「スカラーズ・エディション」と呼ばれ、もっとも項目の細分化、専門化が進んだものとされる。多くの識者に原稿が依頼され、そのなかには『N&Q』関係者がふくまれた。

熊楠は『N&Q』に、『エンサイクロペディア・ブリタニカ』の誤りを指摘する論考を二篇寄せている。一九〇七年三月二日号に出た「日本におけるイスラム教」では、『エンサイクロペディア・ブリタニカ』の「スンニー派とシーア派」の項目に、イスラム教徒が分布する国のひとつとして日本が挙げられているが、この記述は誤りではないかとした。一九一三年九月六日号の「『エンサイクロペディア・ブリタニカ』のなかの欠落」では、日本の「湖と滝」という項目で、湖については記述されているものの、滝のほうはまるまる欠落しているると述べた。これらはいずれも次の版では修正されているが、はたして熊楠の指摘によるものかは不明である。

『エンサイクロペディア・ブリタニカ』は早くから日本に入っており、熊楠も大学予備門時代に上野の図書館で目を通していたとされる。渡米後に当時最新の第九版を購入したものの、全二五冊とかさばったためか、各地を遍歴するなかで友人に売ってしまう。やがてロンドンで買いなおしたものは、帰国に際して持ち帰り、生涯を通じて使いつづけた。なお、第九版だけではあきたらなかったようで、のちに第一一版と第一四版も購入している（図4－3）。

熊楠の時代にはとくに改版が頻繁で、第九版が一八八九年に完結したのち、第一〇版は一九〇二年から、第一一版は一九一〇年から、第一二版は一九二一年から、第一三版は一九二六年から、第一四版は一九二九年からというせわしなさであった。これはこの時代に知識や情報が大幅に増加し、革新されていったことの証左でもある。

熊楠は『エンサイクロペディア・ブリタニカ』を頻用しており、もっとも愛用し、信頼した文献のひとつといえる。柳田国男のために「フォークロア」の項目を訳出したこともあった。

日本で『エンサイクロペディア・ブリタニカ』と同様につくられたものとしては、一九三一年から四年間かけて編纂された平凡社の『大百科事典』があり、日本の学者を総動員したといわれる。

４－３　熊楠旧蔵の『エンサイクロペディア・ブリタニカ』第11版

『ＯＥＤ』から見えてくるもの

ここまで確認してきたとおり、『ＯＥＤ』は、マレーが個人でつくりあげたものではなかった。マレーがおこなったのはあくまでも編纂の仕事であって、実際の調査作業はボランティア・リーダーと呼ばれるアマチュアたちが中心になった。辞書・事典の歴史では軽視されがちなアマチュアであるが、その存在なしに『ＯＥＤ』は成立しなかったのである。

しかも、こうした協力者たちは単なる素人ではなかった。たしかに大学等の研究機関に所属するプロではなかったが、市井にありながらも、充分な知識を蓄え、調べ、提供することのできる知的なひとびとだったのである。そもそもマレー自身も大学を出ていないアマチュアで、あとを継いだブラドレーも、マレーの助手になるまではシェフィールドの刃物会社の通信係をしていた。すなわち編集者たち自身もアマチュアだったのである。

『ＯＥＤ』への参加・協力のしかたは多様で、ヴォランティア・リーダーとしてスリップを送りつづけたものもいれば、マレーのすぐそばでサブ・エディターとして働いた人物もいた。そして忘れてならないのは、刊行された『ＯＥＤ』を購入し、実際に辞書として使用したひとたちも、その少なからぬ部分が市井のアマチュア知識人だったはずだという点である。『ＯＥＤ』で確認した状況は、ほかの辞書・事典類にも敷衍《ふえん》される。『イギリス人名事典』や『エンサイクロペディア・ブリタニカ』第九版も、多くのアマチュアが参加してつくられたものだった。しかも、『Ｎ＆Ｑ』の投稿者を通して確認したように、その層は重なりあっていた。

それにしても、なぜこのような巨大な辞書や事典が編纂されたのだろうか。前章で扱った『Ｎ＆Ｑ』は、人物や書物について問い合わせるための雑誌として出発した。その当時すでに充実した辞書、百科事典、人名事典、ビブリオグラフィーが揃っていれば、必要なかったはずである。しかし、それらがまだ存在しなかったゆえに『N&Q』は創刊された。知りたいことをクエリーで質問すれば、誰かがリプライで答えてくれる。質問の内容は人物でも書物でも言語でもフォークロアでもよい。つまり、『N&Q』は一種の百科事典と位置づけられる。そして、同様の要請、すなわち細かな知識や情報への必要や欲望が、つづく時代に『OED』などを編纂させていったのだと考えられる。

一九世紀半ばから二〇世紀初頭にかけてのイギリス（＋他の国々）では、アマチュアのひとびと（そのなかにプロの研究者も包含される）によって知識が集積されており、同時に、それらの知識を一箇所にまとめ、誰もが簡便に利用できるかたちで公開したいという願望と必要が存在した。そして『N&Q』が発刊されると、多くのひとびとが購読者となり、『OED』が企画されれば無数の協力者があらわれるなどして、やがて各種の辞書・事典が出版されていったのであった。

アマチュアたちの協力の理由

それでは、アマチュアの研究者たちが協力した理由はどこにあったのだろうか。そもそもひとびとは、なんのために研究をしていたのか。この点について、ここまでの四章を通して考えてみたい。

大学の教員や大学院生なら、研究して業績を積むことで、ポストを得たり、昇進したりという目標がある。しかし、結果的にそのような地位を得たロッキャーやスキートのような人物はいるにせよ、ほとんどの場合にはあてはまらないだろう。

ダーウィンの研究や『OED』の編纂が、国家や政府の要請によってなされたものではなかった点も、ここまで見てきたとおりである。すなわち、日本的な「官」による事業ではない（『言海』は文部省の事業としてスタートした）。なおかつ、たいていは無給である。『N&Q』にせっせと投稿しても稿料は出ないし、『OED』のために用例を探したひとたちは、まさにヴォランティアであった。金銭的な見返りが重要だったとは思えない。

名誉は見落とせない動機だろう。『OED』に協力者一覧が示されているとおり、協力者たちは後世まで名を残せた。とはいえ、「ヒストリカル・イントロダクション」には数百人の名前が並び、活字も小さい。どれだけ自分の名が出ることに重きを置いていたかはわからない。匿名、イニシャル、ペンネームでのリーダーも少なくなかった。

もちろん、自分自身の楽しみや喜びのためであったのはまちがいない。「知る」ことは楽しいし（少なくともわたしにとっては）、そのほかにも工夫して実験を進めたり、新種の生物を発見したりするのも喜びだろう。そこには、学問の原初的な魅力がある。ただ、それだけで説明してしまっては、ありきたりで単純だし、何かを見落としている気がする。

そもそも、たとえば医師が語源学について報告することには意味があるのだろうか？　聖職者が南洋の鳥の研究に精を出すことには？　重要なのは、本書で扱ってきたようなイギリスの学術空間では、その構成メンバーたちが自分の好きな研究に没頭していたのみならず、なんらかのかたちで成果を公表し、共有していた点だと、わたしは考えている。『N&Q』に載った一篇の論考や、ヴォランティア・リーダーの送った一枚のスリップには、大きな意味はないように見えるかもしれない。しかし、アマチュア／プロの研究者が多数おり、その研究成果／調査結果が蓄積されていくことで、確実に科学／学問は進んでいく。

そして、関わるひとびとが多く、裾野が広いからこそ、そのなかから抜きん出た研究者があらわれ、大きく時代を動かしていく。ダーウィンの背後には無数の博物学者たちがおり、大英博物館のマルクスの周りには勉学に励む常連利用者たちがいたのである。『OED』のように協力者の数そのものが成果へつながったケースもあった。

なおかつ、たとえばヴォランティア・リーダーとして参加するのは、きわめて手軽な「学問への奉仕」といえる。専従で給料をもらって働くとなると大変で、責任もともなう。しかし、みんなが少しずつ仕事をする体制は便利である。あまった時間にとりくめばよく、うっかり見逃した点があったり、手を抜いたりしてしまっても、誰かがカバーしてくれる。飽きたら休めばいいし、途中で手を引くのも自由だ（『N&Q』に千篇を超える論考を発表したり、ものすごい数のスリップを送ったりと、熱中しすぎたひとたちもいたわけだが）。ともあれ、大勢が参加することで、個人の負担は軽減され、なおかつ全体としての信頼性が担保されたのである。

そして研究成果が公表／公開される点は重要であった。自分の仕事が目に見えるかたちになれば、満足と達成感が得られる。苦労して書いた論考が誌面に掲載されたり、何年もスリップを送りつづけたあとで、ようやく『OED』が出版されたり。次の作業への意欲も湧くというものだ。

なかでも雑誌に掲載される意味は大きかった。多くの同好の士が目を通し、質疑や議論が重ねられ、どんどん学問が発展していく。そこには、研究成果が個人のものであり、なおかつ共有されるものでもあるという二重構造があった。公表されてこそ、アマチュア／プロの研究者たちの横のつながりが発生するのである。言葉を変えれば、公共＝パブリックという在り方だ。イギリスのパブリックという考え方は、官や政府とは異なる。「お上」のためではなく、「みんな」の利益のために、という姿勢がパブリックなのである。もちろん、論考を書くときから公益性を意識している例は多くはないだろう。しかし、個々人が意識的か無意識的であるかに関わらず、結果として学術空間全体が進歩していく。

このような状況はヨーロッパに普遍的なものと思うが、とくにイギリスに強く認められた。アマチュア（そして一部のプロも）たちは、それぞれの好きなことをバラバラにやっているはずが、雑誌などを通して研究成果を公開・共有し、ネットワークを形成することで、総体として科学／学問に貢献していたのであった。

まとめれば、一九世紀末のイギリスにはアマチュアたちが力を合わせて仕事をする機会があり、その成果としてあらわれたのが、『OED』などの大辞書、大事典だった。いったん辞書や事典が完成すれば、誰もが使える知的インフラとなる。

しかも、それは無償の奉仕という側面だけではなかった。『ネイチャー』も『N&Q』も商業誌である。購読料と広告費によってビジネスとして成り立っていた。『OED』にしても、完成したものは販売され、商業活動の一環として機能した。無償の奉仕によってつくられるが、その成果の利用は有償でもありえる。そこもイギリス的なパブリックのおもしろさである。これも日本の「官」とは異なる点だろう。

そして知的インフラは、たとえばいったん完成した水道網が、新たに住宅地ができればそちらへも広がり、あるいは水漏れしたら修繕されるように、拡大と補修がつづいていく。『OED』は一九二八年に完成したものの、一九三三年には早くも補遺がつくられている。見落とされていた単語、意味、用例が次々と出てきてしまったのである。その後も補遺の出版がくりかえされ、全体を改めて第二版が出たのはようやく一九八九年であった（全二〇巻）。このときもやはり、大勢の協力者を動員しての一大事業となった。しかし、それでもすぐに補遺が必要となり、現在では全二〇巻＋補遺三巻の二万二七五二ページに二九万一五〇〇語（細かく分けると六一万五一〇〇語）が収められている。

『OED』は早くから電子化の必要性を認識しており、一九九二年にはCD－ROM版がつくられた。わたしも学部生から大学院生のころには、書籍版とこれを併用したものだ。そして二〇〇〇年にオンライン版が導入されると、次第に本のかたちのものより、こちらが主流となっていく。より大勢のひとに、より使いやすくというのが、『OED』の方針として保たれてきたのであった。

二〇〇〇年から第三版発行に向けての作業が進められているものの、完成はいったいいつになるか不明である。二〇三七年を目標としているとも聞くが、本当に完成するのか、かなり疑わしい。ちなみに、第三版はオンライン版のみになるようだ。いささか寂しく感じるが、仕方ないことだろう。わたしも使っていた第二版の二三冊は、それだけで本棚を何段も占有し、重量が床に与えるダメージも軽視できない。

かたちを変え、使われ方が変化しながらも、知の営みは延々と続いていくのである。

最後に、第2部「日本」への接続を試みておこう。イギリスでは、学問が一種のパブリックなものとして、無数のアマチュアによって推進されていった。これに対して、同時代、すなわち明治期の日本では東京大学に代表される官学の存在が強力で、民／アマチュアの学問と厳然と分けられた。まったく様相が異なるのである。しかし、日本でも大勢のアマチュアの協力で成功した分野がある。植物分類学や民俗学だ。なぜこれらの分野ではうまくいったのか。わたしはその成功の理由が、「官と民のあいだの学問」にあったのではないかと考えている。なおかつ、いささか逆説的な話になるのだが、官学ができたことによって、官と民をつなぐ日本的な知的公共空間が成立したと思われる。さらには、超能力研究と江戸学をとりあげることで、官と民のあいだにいかに豊かな学問があったかを検討していきたい。

第2部　日本

第5章　牧野富太郎と植物学——官と民の狭間に立つ学問

牧野による熊楠への追悼文

熊楠は、一九四一年一二月二九日に亡くなった。その死を受けて、牧野富太郎（図5－1）が翌年二月号の『文藝春秋』に「南方熊楠翁の事ども」と題する追悼文を寄せたのだが、この文中には意外なくらいに厳しい言葉が並んでいる。

「南方君は往々新聞などでは世界の植物学会に巨大な足跡を印した大植物学者だと書かれ、また世人の多くもそう信じているようだが、実は同君は大なる文学者でこそあったが、決して大なる植物学者ではなかった」と切って捨て、その理由としては、「植物ことに粘菌については、それはかなり研究せられた事はあったようだが、しからばそれについて刊行せられた一の成書かあるいは論文があるかと言うと、私は全くそれが存在しているかを知らない」、また新種をいくつか発見していたようだが、「それを堂々と正式に欧文をもって公刊発表したかと言うと、一向にそんな事はなかったようだ」と述べる。すなわち、植物研究について論文として発表しておらず、新種を発見しても報告を怠っていたから、植物学者として認め

5－1　牧野富太郎（国立国会図書館「近代日本人の肖像」）

るわけにはいかないというのである。

牧野と熊楠は、明治から昭和にかけて、おおよそ同時代に活動した植物学者であった。しかも、どちらもほぼ独学で植物学を修め、大学の教授たちに冷遇されたエピソードで知られる。それならば、牧野はもっと熊楠に共感を示してもおかしくなかったのではないか。ところが、むしろ牧野は熊楠を憎々しく思っていたようなのである。

二人の対立は熊楠の生前からのものであった。一九二四年、熊楠の住む和歌山県の田辺で植物採集会が開かれ、牧野が指導者として招かれたことがあった。牧野は九月二二〜一〇月一日に、熊楠とも親しい宇井《うい》縫蔵《ぬいぞう》という生物研究者の家に滞在する。ところが、歩いて五分とかからない場所に住んでいた熊楠とは顔を合わせていないのである。これ以前にも、一九二〇年に高野山で、一九二二年には日光で牧野と熊楠はニアミスしているが、結局、生涯で一度も会うことはなかった。

牧野は田辺でのことについて、右の追悼文で、熊楠のところへ案内すると誘われたが、「南方君の方から出て来て私を迎うべきものだと思った」から断ったと書いている。牧野のほうが年上であり、なおかつ熊楠が牧野に植物の名称を問い合わせたことがあり、「私は南方君を教えた人だから、言わば同君の師であると謂《い》える」。そのため弟子から出迎えるのが当然だというのである。

これだけ読むと、牧野があまりにも狭量な人間であったように見えるが、単純に二人の相性や人間性に帰してしまっては意味がない。むしろ本章では、二人の亀裂がなぜ生じたのかを植物学とアマチュアという視点から考えてみたい。

「日本の植物学の父」の軌跡

牧野富太郎（一八六二～一九五七年）は、文久二年の生まれで、熊楠より五歳年上となる。生家は土佐国佐川《さかわ》村（現在の高知県高岡郡佐川町）の「佐川の岸屋」と呼ばれた裕福な家で、雑貨業と酒造業を営んでいた。牧野は寺子屋で学んだのち、一一歳で郷校の名教館《めいこうかん》に入った。名教館は明治政府による学制改革で佐川小学校となり、牧野も移ったものの、二年で中退してしまう。しばらくは植物採集に没頭していたが、一五歳で佐川小学校の臨時教員となる。

初めての上京は一九歳のときで、博物局の田中芳男（一八三八～一九一六年）らに教えを請うた。田中は現在の東京国立博物館や上野動物園の創設に尽力し、「日本の博物館の父」と呼ばれる博物学者である。

一八八四年、二二歳でふたたび上京した牧野は、東大理学部植物学教室の矢田部良吉教授を訪ね、同教室に出入りする許可を得て、研究三昧の生活に入っていった。一八八七年には、『植物学雑誌』創刊の中心メンバーとなっている。実家からの資金が潤沢にあり、雑誌の運営と発行に使えたのである。

矢田部も紆余曲折《うよきょくせつ》を経て植物学者となった人物であった。明治維新後に外務省に入り、一八七〇年に渡米したものの、直後に外交官を辞して植物学の道を選んだ。転向の理由は不明とされるが、コーネル大学で植物学を専攻し、帰国後に東大の初代植物学教授に就任する。そうした経歴からすれば、当初は牧野に親切だったのもわからなくはない。

ところが、一八九〇年、矢田部によって、牧野は植物学教室への出入りを禁じられてしまう。こうした体験が、牧野の官学からの「被害者」的な語りにつながる。いったん地元に帰るものの、駒場の農科大学（現在の東大農学部）で研究がつづけられることになり、東京に戻ってくる。

矢田部が退任したのち、主任教授を継いだ松村任三《じんぞう》に呼び戻され、一八九三年に助手になる。牧野が三一歳のときで、東大で正式な身分を得たのであった。しかし、またしても植物学教室のメンバーたちと軋轢《あつれき》が生じてしまう。植物学教室の守旧的な体質と、牧野の性格面に問題があったようだ。

牧野への「迫害」に関しては、学歴がなかったのが理由として説明されがちだが、実際には同時代の教授陣には大学を卒業していない例もなくはなかった。だいぶ世代が上ではあるものの、おしべや花粉という言葉をつくった伊藤圭介が、一八八一年に東大教授となっている。大学という制度が整えられる以前に修練を積んだ世代が、いまだに現役だったころなのである。もう少し時代が下がると、学歴が必須になるが、まだ絶対というわけではなかった。そもそも牧野も助手には就けている。

牧野は『牧野富太郎自叙伝』（講談社学術文庫、二〇〇四年）で、「大学の矢田部教授と対抗して、大いに踏ん張って行くということは、いわば横綱と褌担《ふんどしかつ》ぎとの取組《とりくみ》みた《ママ》ようなもので、私にとっては名誉といわねばならぬ。先方は帝国大学教授理学博士矢田部良吉という歴《れっき》とした人物であるが、私は無官の一書生に過ぎない」と述べている。このとき牧野はまだ助手になっておらず、「無官」であったのはまちがいない。牧野には、官に対する強烈な意識があった。

このことは第3章で見たように、熊楠が「履歴書」で自身を「和歌山の小さき鍋屋の倅と生まれたもの」「何たる資金も学校席位も持たぬ」と語っていた点に重ねられる。しかし、そのまま正直に受け取っていいものではなく、生まれや学歴を卑下することで、より自身の「すごさ」を際立たせようとした気配を感じる。熊楠と牧野の二人ともに。

牧野の助手時代は長く、ようやく講師として採用されたのは一九一二年で、四九歳となっていた。しかし、ここからは粘り腰で、一九三九年、七七歳になるまで東大講師を務めつづけた。一九二七年四月に六五歳で理学博士の学位を取得、一九五〇年に日本学士院会員に選ばれ、一九五一年に第一回文化功労者となるなど、後半生は栄光に包まれた。一九五七年に九四歳で死去したのちは、従三位に叙され、勲二等旭日重光章と文化勲章を授与されている。

牧野のなしとげた仕事を一言であらわすなら、日本のフロラ（植物相）をあきらかにしたことにある。ほとんど全国各地（なぜか沖縄には行かなかった）を訪ね、日本に生育する維管束植物（被子植物、裸子植物、シダ植物）の種類と分布を調べつくした。一九四〇年、七八歳にしてまとめた『牧野日本植物図鑑』が、その集大成である。ただし、明治後期まで花形だった分類学は、アメリカ経由で実験生物学が入ってきたことで、次第に周縁化されていく。大正期になると、牧野はすっかり時代遅れになっていたとの評価もある。

ともあれ、没後の顕彰は手厚くおこなわれ、地元では高知市に牧野植物園、佐川町に牧野富太郎ふるさと館、東京では大泉学園に練馬区立牧野記念庭園、八王子市南大沢に東京都立大学の牧野標本館がある。ひとりの人物で、これだけあちこちに関連施設が建つ例はめずらしい。残した標本が膨大だったこともあるが、同時に弟子筋の多さと、晩年の栄光によるものだろう。

牧野は「民」なのか?

牧野は大学で不当に冷遇され、教授に昇進できず、それがひとつの原因となって貧困に苦しんだイメージが強い。実力と知識がありながらも、その才能を妬んだ教授たちに迫害されたというのである。二〇二三年のNHKの朝の連続テレビ小説『らんまん』でも、そうした側面が強調されていた。自身でも、いかにひどい目に遭ったかをくりかえし語っており、たとえば『牧野富太郎自叙伝』では、

その頃から松村任三先生は次第に私に好意を示されなくなった。その原因は、私が植物学雑誌に植物名を屢々《しばしば》発表していたが、松村先生の『日本植物名彙』の植物名と抵触し、私が松村先生の植物名を訂正するようなことがあったりしたので、松村先生は、私に雑誌に余り書いてはいかんといわれた。

などと述べている。しかし、そのような状況にありながらも、牧野は大学を離れようとしなかった。助手時代から合計すると、四六年間も東大に正式な身分をもちつづけた。現在では、六五~七〇歳が大学の定年である。それからすると、とても考えられないほどの年齢まで、

大学の先生をしていたことになる。身分は助手や講師でしかなく、教授たちとの関係もよくなかったにもかかわらず、牧野は東大に留まった。ここには、それだけの理由があったはずである。

牧野は同時代の植物学者たちとくらべると、ぬきんでて名声、知名度が高い。それこそ、『らんまん』で主人公にとりあげられたくらいだ。連続ドラマの主人公になるような植物学者はほかにいないだろう。

同時代には官学、在野を問わず、無数の植物学者がいた。まずは東大の教員であった矢田部良吉、松村任三、白井光太郎《みつたろう》、池野成一郎が挙げられる。現在では、むしろ彼らが牧野との関係によって記憶されているのは皮肉だ。植物学教室の画工として雇われながらも、イチョウ精子の発見という世界的偉業をなしとげた平瀬作五郎もいた。第7章で見るように、平瀬は牧野同様に「迫害」され、東大を去ることになる。牧野が残ったのとは対照的である。

さらに「官」の側の植物学者たちをピックアップすれば、札幌農学校の宮部金吾、東北帝国大学農科大学（のち北海道帝国大学）や台北帝国大学に所属した工藤祐舜《ゆうしゅん》、台北高等学校でラン科の植物を扱った福山伯明《のりあき》などがいる。秋田の佐竹南家の出身で男爵でもあった佐竹義輔《よしすけ》は、東京科学博物館（現在の国立科学博物館）の植物研究部に勤務した。台湾総督府で植物病理学者として働いた三宅勉のような人物もいる。高山植物の研究によって「大雪山の父」と呼ばれた小泉秀雄は、盛岡高等農林学校に学んだが、中退して北海道の中学で教員を務め、やがて共立女子薬学専門学校の教授となった。

植物研究を「仕事」とした人物であっても、その立場や身分は大学教授、大学の画工、博物館の職員、農事試験場の研究員とさまざまであり、また日本国内だけでなく台湾や朝鮮、満州で働いたものも多かった。とくに明治中期からの南方進出にともない、植物資源の生産と利用が重要になったことで、台湾には多くの植物学者が赴任した。牧野も台湾を一八九六年に訪れているし、熊楠の協力者には台北帝国大学の田中長三郎や、台湾総督府研究所の中沢亮治といった植物学者、農学者がいた。

在野の植物学者としては、長野の小学校や高等女学校の教員を務めながら高山植物を調べた河野齢蔵《こうのれいぞう》、姫路藩の一〇代藩主・酒井忠邦の長男として生まれ、蘭の栽培にとりくんだ酒井忠興《ただおき》が知られる。須川長之助は、北海道を中心に活動したロシア人植物学者カール・ヨハン・マキシモヴィッチの協力者として名を残す。

松田英二のような変わり種もいた。長崎中学と台湾総督府国語学校で学んだ松田は、台湾で教師を務めた。しかし、一九二二年にメキシコに移民し、チアパス州のエスクイントラで農場を開くとともに研究をおこなった。そして一九三二年にはエスクイントラに松田植物研究所を立ち上げて、メキシコ南部の植物調査に力を尽くした。

植物学者は無数におり、その学歴、経歴、立場、職種も多様だった。もちろん熊楠も在野の植物学者のひとりに数えられる。これらの植物学者たちと、牧野との差はなんだったのだろうか。以下で述べていくように、わたしは牧野が官と民の「あいだ」にいたのが重要だったのではないかと考えている。そして、このような立場こそが、日本のフロラの悉皆《しっかい》的な調査と、『牧野日本植物図鑑』の完成を可能にしたのであった。

南方熊楠という「アマチュア植物学者」

熊楠は幼少期から植物学に親しんだ。四、五歳のころ、初めて自分のものとした本が、三代伊藤伊兵衛三之丞《さんのじょう》による『三花類葉集』(一六九二年)というツツジやサツキの品種図解書だったくらいだ。この本は南方熊楠顕彰館に現存し、生涯大切にしていたことがわかる。

熊楠が本格的に植物採集をするようになったのは在米時代のことである。在籍したミシガン州立農学校に「植物学」の授業はあったものの、ほとんど授業に出席せず、植物書を頼りにあちこち歩きまわり、独学で学んでいった。フロリダとキューバでもフィールド調査にとりくみ、キューバではギアレクタ・クバーナという新種の地衣類を発見している。のちに熊楠は「これ東洋人が白人領地内において最初の植物発見なり」(「履歴書」)と誇った。

一八九二年にイギリスに渡ると、キュー・ガーデン、大英博物館、大英自然史博物館などに出入りして植物学者たちと交わりつつ、独自の研究をつづけた。一九〇〇年の帰国時に、大英自然史博物館の植物学部長ジョージ・マリーから日本の隠花植物の研究を勧められたため、後半生は和歌山の那智や田辺で、変形菌（粘菌）、キノコ、淡水産藻類などを集めた（維管束植物にもとりくんだ）。

帰国後の熊楠はいっさい職に就くことはなく、生涯を在野のアマチュア学者として過ごし、またほとんど和歌山から出ることがなかった。しかし、郵便を通して内外の専門家たちと交流を重ね、変形菌に関してはイギリスのリスター父娘に標本を送り、いくつかの新種が認められている。生物学のほかに、科学史、人類学、民俗学、説話研究の分野でも活動した。牧野が熊楠を「大なる文学者」と評したのは、これらの業績をさしてのものだろう。

二人の「淡い」交流

熊楠の日記に初めて牧野の名が見えるのは、アメリカ留学中の一八八九年五月七日のことで、「植物学雑誌二十六号一冊、牧野富太郎氏著日本植物志図篇二冊」とある。弟の常楠《つねぐす》に頼んで、日本から送ってもらったのであった。牧野の『日本植物志図篇』は前年の一八八八年に出たもので、熊楠は同書を身近に置き、那智で植物採集に没頭した一九〇三年前後には、みずからの採集品と突き合わせるなどして使いこんだ。

一九〇四年に田辺へ移った熊楠は、妻を迎えたこともあり、同地に住みつくことになる。その田辺で知り合ったのが、前出の宇井縫蔵であった。宇井は田辺高等小学校や郡立高等女学校（のちの田辺高等女学校）に理科教諭として勤めるかたわら、植物や魚類の研究に携わった。牧野とも早くからつながりをもち、植物標本を送って鑑定してもらっていた。

宇井家へ出入りを始めた熊楠は、やがて自分の集めた標本も牧野に鑑定してもらおうという気になる。新種がないか期待していたと考えられ、あわよくば献名（発見した新種に自分の名前を付けてもらうこと）も、と思っていたのかもしれない。そして一九一〇年一〇月二七日、宇井を介して牧野に植物標本を送付する。那智で集めたものを中心に、四二四点もの多数にのぼった。牧野の専門とする維管束植物が選ばれている。

宇井はこの直後に東京に出て牧野と面会しており、一一月一九日に宇井から熊楠に届いた書簡によれば、いくつか新種と思われるものもあったとのことだった（しかし、結局は新種でないことが判明）。これに気をよくしたのか、翌一九一一年五月二六日には、今度は宇井を介さず、みずからエビネやキノクニスゲを送っている。これらに対して、牧野からは精細な鑑定結果が届いた（ただし、以降のものもふくめ、ほとんどは宇井宛）。熊楠が送った標本（リュウビンタイ、キノクニスゲ、マツバランなど）は、現在も牧野標本館に保存されている。

南方熊楠顕彰館には、牧野からの書簡が一通だけ残っている（図5－2）。一九一一年七月三〇日付のもので、同館の初代館長であった中瀬喜陽《ひさはる》の翻刻によると、「其節は標本御廻送に被成《なられ》、正に落手仕《つかまつり》候」などとていねいに礼を述べた内容だ。八月一日の熊楠日記にも、「牧野富太郎状一　キシウスミレ音窪熊助発見、マツムラスゲ神島、マツラン、ヤブエビネ等の事返事来る」とある。雲藤等《うんどうひとし》の調査によれば、このほかにも牧野からもう一通は書簡が届いたようだが、現在では行方がわかっていない。

　このあとも熊楠は宇井を通して何度か標本を送っている。ところが、牧野からの返事は熊楠をいらだたせるような内容だったらしく、宇井宛の書簡（一九三一年一〇月二九日付）で「此牧野といふ人は顕花植物や羊歯類の鑑定は至て熟したものながら、甚だ狭い度量の人に

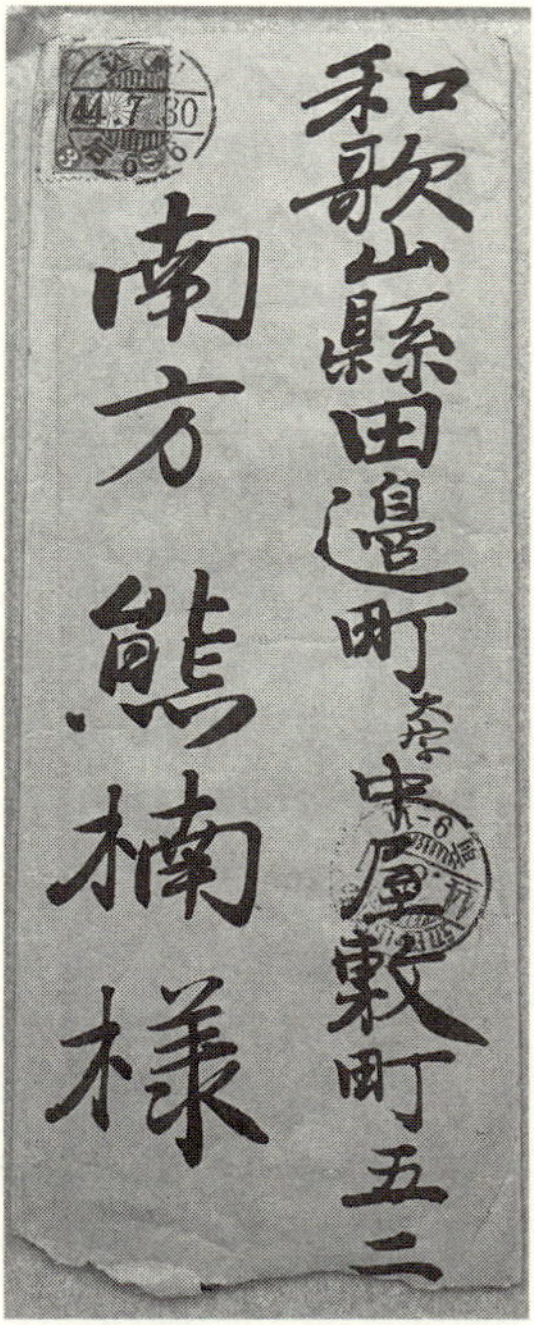

5―2　牧野から熊楠へ宛てた手紙（南方熊楠顕彰館、田辺市）

5－3　熊楠旧蔵の『日本植物図鑑』（南方熊楠顕彰館、田辺市）

て、しばしば人を傷つくるやうなことを吐く」とこぼしている（ただし、右の牧野から熊楠への書簡を読むかぎりでは問題になるような箇所はみあたらない。牧野から宇井への書簡には、熊楠に批判的な言葉があったのかもしれないが、不明である）。ともかく、一九一三年一〇月二三日を最後に、熊楠は牧野へ標本を送るのをやめてしまう。最後まで、熊楠の送ったなかから新種が見つかることはなかった。

南方熊楠顕彰館には、こののちに牧野の出した『日本植物図鑑』（五版、一九二七年、図5－3）、『日本植物総覧』（訂正増補、一九三一年）が残っているが、あまり使ったようすは見られない。すでに熊楠の関心は維管束植物から離れており、変形菌やキノコへ重点を移してしまっていたのであった。

官と民のあいだで

学問には分野によって、個人でできるものと、大勢が協力しなければ達成できないものがある。日本に生育するすべての植物を採集し、標本をつくり、同定し、名前を付けるような仕事は、とうていひとりではなしえない。全国各地に協力者が必要となる。そうしたひとびとをまとめあげる役割を担ったのが、牧野だった。

牧野の目には、おそらく熊楠は協力者たちのひとりとして映っていたのだろう。熊楠が送った標本は五〇〇点以上にのぼる。しかし、それは牧野のもとに集まった約四〇万点もの標本のなかでは、ごく一部でしかなかった。もちろん牧野は一方的に協力者を搾取していたわけではなく、送られた植物標本をきちんと鑑定するなど、誠実に対応している。それでも上下関係は発生してしまうものであり、これが牧野の「南方熊楠翁の事ども」での「教えた」「同君の師」といった表現につながったと考えられる。

熊楠の貢献が無価値だったわけではない。牧野標本館で調査した土永知子《どえいともこ》によれば、熊楠から送られた標本には和歌山南部に特徴的な種が多いという。もちろん、意図的にそのようなものを選んだのだろう。全国の植物を網羅するという大きな目標のなかで、たしかな意味があったのである。

牧野は全国で植物調査の集まりを開いたことでも知られる。「採集の会」と呼ばれ、各地の植物愛好家や同好会、教育委員会、学校などとの協力で実施された。牧野と熊楠がすれちがった一九二四年の田辺での会も典型的なものである。

こうした採集会を開くことで、大勢の目で多数の植物が調べられ、地域内に生育する（ほぼ）すべての植物があきらかになる。そもそも、その土地に生育する植物については、地元の人間のほうがよく知っている。そして、いったん牧野とのつながりができれば、以後はスムーズに標本や情報が届くようになる。採集会のときは見落としたもの、行かなかった場所、別の季節などもカバーされていく。

採集の会の代表例としては、横浜植物会が知られる。ここには牧野の忠実な弟子である久内清孝がいた。久内はジャパンタイムズの横浜支店長などののち、帝国女子医専（現在の東邦大学）の教授となり、国立科学博物館主催の植物採集会の指導も長く務めた。本田正次《まさじ》と共著の『植物採集と標本製作法』（一九三一年。岸本昌也の調査によれば、一九三七年版には熊楠の弟子の小畔四郎が変形菌について寄稿している）という著作もあり、アマチュアのひとびとに植物採集を広める役割をはたした。このような会が全国にあったのである。

標本の送付と鑑定、そして採集会というシステムをつくりあげることで、牧野のもとには全国から植物が集まるようになった。そのなかに新種があれば記載・発表するし、そうでなくても植物の分布についてのデータが揃っていく。牧野はしばしば独力で日本の植物研究をなしとげたかのように語られるが、実際には無数の植物愛好家を抜きに、その仕事は完成できなかった。つけくわえれば、これはお金のかからないシステムでもあった。もし協力者を雇用したら、とてもではないが成立しない。アマチュアの無償の奉仕が必要だったのである。

牧野に情熱と植物への愛があったのはまちがいなく、親切かつ正確に教えてくれることがアマチュア植物愛好家たちの信頼につながった。とはいえ、それだけでは情報の集積点となることは不可能だったろう。重要なのは、東大に所属しているという牧野の身分にほかならなかった。大学業界では、身分の低い講師にすぎなかったかもしれない。しかし、アマチュアの目からすれば、牧野は東大所属の立派な研究者で、尊敬すべき存在であった。

牧野と熊楠が一九二二年七月に日光でニアミスしたとき、牧野は東京の成蹊《せいけい》女学校の女学生六〇名（および中村春二校長、教職員七名）を率いていた。一方の熊楠は、三人の「弟子」をともなったのみであった。実際、熊楠のような「一介のアマチュア」に学生たちの指導を依頼する学校があったとは思えない（熊楠の奇人ぶりは別としても）。やはり、牧野の身分こそが可能にしたのである。

牧野と熊楠の二人ともの弟子だった坂口總一郎《そういちろう》（一八八七～一九六五年）という和歌山の

生物愛好家がいる。息子の坂口總之輔によれば、次のような体験をしたことがあったという。あるとき、奈良の吉野で牧野と植物採集に明け暮れ、夕方になって汚れた姿のままで旅館に行ったところ、宿泊を断られた。ところが、牧野が東京帝大の人間だと告げると、主人が紋付き袴に着替えて出迎えたという。牧野の身分によって扱いが一変したエピソードである。

ただ、おそらく大学という権威だけではうまくいかなかっただろう。牧野自身がくりかえし述べていたとおり、東大の教授たちから冷遇されており、官学側の人間ではないというアピールが重要だったにちがいない。そこにアマチュアの植物愛好家たちは親近感を覚え、協力しようという気になったのではないか。官でもあり、民でもある。両者のバランスがとれていたことによって、初めて日本の植物全体をまとめる仕事は結実しえたのであった。

牧野が一九二七年に理学博士号をもらっている点も注目される。これに対して熊楠は「ドクトルとかプロフェッサー」といったひとたちを毛嫌いしていた。しかし、博士号という箔付けは、ときに重要なものとなる。牧野はそのことをよく理解していたのである。

民間のアマチュアを大量にまとめあげ、偉大な仕事をなしとげたという点では、民俗学における柳田国男がまさに同じ立場にあった。次章で詳しくとりあげるが、柳田は東大出身の高級官僚で、貴族院の書記官長まで務めた。しかし、在職中から『石神問答《いしがみ》』(一九一〇年)や『遠野物語』(一九一〇年)などを発表し、熊楠をふくむ人脈づくりを進め、一九一九年に官を辞めたあとは朝日新聞という「民」に勤めながら、日本の民俗学を整備していく仕事をした。民俗学も、全国の愛好家たちを組織し、無数の民話や習俗を集めることで成立した学問分野であった。官と民のどちらでもあり、どちらでもないというのが、こうしたまとめる仕事をするのに必須の条件だったのだろう。

また本章では深く立ち入らないが、二人とも雑誌というメディアを巧みに用いた点も重要であった。牧野は『植物学雑誌』の一八八七年の創刊から参加しており、一九一六年には『植物研究雑誌』も手がけた。柳田も一九一三年創刊の『郷土研究』をはじめとして、多くの雑誌に関わった。イギリスの場合に見たように、雑誌は全国（場合によっては国外もふくむ）の同好の士をつなぎ、誌上での論考発表や質疑応答によって情報が集積されていく。

柳田と熊楠も当初は緊密な協力関係を結び、柳田を「民俗学の父」、熊楠を「民俗学の母」と呼ぶことがある。しかし、やがて二人は対立し、交流を絶ってしまう。牧野と熊楠の場合と同じである。他人とのコミュニケーションがあまり上手でなく、むやみにプライドの高かった熊楠の人間性に問題があったような気もするが、それだけが原因ではない。植物学であろうが民俗学であろうが、情報収集の中心にいるのは、ひとりで充分なのである。

たとえば植物標本が複数の場所にもたらされ、何人もの植物学者が別々に「新種」として発表したら、どうなるだろうか。民話の収集や分類にしても同様であろう。そのため、ライ

5－4　ミナカタ・クマグス展に訪れた牧野富太郎と娘の鶴代（南方熊楠顕彰館、田辺市）

バルとなるような存在は排除されていったのであった。別に牧野や柳田を責めているわけではなく、システムとしては、そうでなければ機能しなかったのである。そして熊楠は他人の下につくことをよしとするタイプではなかった。

　熊楠の人見知りな性格も一因だとは思うが、それだけでなく、興味関心があまりに広すぎたのも、熊楠にまとめる仕事がはたせなかった原因だろう。熊楠は植物学だけではなく、夢について解き明かそうとしたり、死後の魂の存続について考察したり、ウミヘビの尾に付くフジツボを研究したり、井原西鶴を論考の対象にとりあげたり、日本とヨーロッパの民話を比較したりした。

　一方の牧野はひたすら植物研究に励んだ。よほど植物研究が好きだったのだろうが、飽きなかったのかな、と疑問に思わないでもない。熊楠もけっして恵まれた生活を送れたわけではないが、さまざまな分野に手を出し、好きなように研究できた点は非常に自由に見える。

最後にもうひとつ。第二次大戦後、実業家の渋沢敬三らによってミナカタ・ソサエティという団体がつくられ、一九五一年に東京で「ミナカタ・クマグス展」が開かれた。このとき牧野が娘の鶴代とともに会場に姿を見せた写真が残っている（図５－４）。「南方熊楠翁の事ども」では、あのように述べた牧野であったが、やはり熊楠は無視できる存在ではなかったようだ。

第6章　柳田国男と民俗学——組織化の先に

日本の民俗学の父と母

熊楠と柳田国男（一八七五〜一九六二年、図6−1）は、二人で協力して日本の民俗学をスタートさせた。民俗学者の宇野脩平《しゅうへい》、牛島史彦《ふみひこ》らの評では、熊楠が「日本民俗学の父」、柳田が「母」とされる。熊楠がイギリスからフォークロア研究を伝え、それを柳田が大きく日本風に育てていったということだろう。宇野から「民俗学を志した動機」について問われた柳田は、「それは南方の感化です。私のような官吏をしてたものが、こういうことをやるようになったのは、まったく南方の感化です」（笠井清『南方熊楠』吉川弘文館、付録）と述べている。熊楠の「感化」であることを認め、またみずからを「官吏」としている点は注目される。

それにしても、これほど対照的な二人もめずらしいのではないか。熊楠は一生で一度も定職に就かず、大学の教壇にも立たず、官僚や科学技術者として国に奉仕することもなかった。それに対して柳田は、高級官僚であり、大学でも教え、国家との結びつきの強い「一国民俗学」をつくりあげた。なぜ、このような二人が協力して日本民俗学を始めることができたのか。

それから忘れてはならないのは、柳田が途中で官を辞している点である。どうして柳田は官を離れる必要があったのか。そしてそのことは民俗学の成立にどのような影響を及ぼしたのか。

前章ですでに指摘したとおり、牧野が植物分類学でなしとげたことを、柳田は民俗学でおこなった。人類学者の岡正雄が「一将功なって万骨枯る」と揶揄《やゆ》したように、アマチュアの民俗学者たちを全国的に組織して情報を吸い上げ、みずからの著作に利用するという、柳田のみが利益を得る構造が完成されたのである。ただ、こうしたことはよく知られた事実であり、前章のくりかえしにもなってしまうため、本書では深入りしない。また、その是非も問わない。

柳田が本格的な民俗学の組織化に着手するのは一九三五年、還暦を迎えた年に「民間伝承の会」(現在の日本民俗学会の前身)を立ち上げ、雑誌『民間伝承』を発刊して以降のこととされる。日本の民俗学は一九三〇年代に確立したというのが通説だ。

本書では、その前段階として、一九一一年に始まる熊楠との関係、『郷土研究』という雑誌をめぐる二人の攻防、柳田のアマチュア性、柳田が官であったこと／辞めたことについて考えてみたい。

そういえば、前章でとりあげた牧野富太郎は、現在でも関係者のあいだで牧野先生と「先生」を付けて呼ばれている。二〇二三年に、『らんまん』で熊楠が登場（役者はつかなかったが）した効果もあって、牧野研究者たちと交流する機会が増えたとき、何より驚いたのはこの点だった。柳田も「柳田先生」と呼ばれることが多い（すべての民俗学者がそうしているわけではない）。牧野や柳田が多数の弟子を育て、そのまた弟子たちが現在の植物分類学、民俗学を担っているのだから、当然ではある。ただ、そこにはやはり二人のもつ「官」としての立場が関わっているように思う。イギリスのアマチュア的な横のつながりではないのである。

6－1　柳田国男（国立国会図書館「近代日本人の肖像」）

ちなみにわたしは熊楠を「先生」と呼んだことはないし、そもそもそんな発想すらしたことがなかった。周囲の熊楠研究者たちを見ても、少なくとも二〇二四年現在では、南方先生、熊楠先生と呼んでいるひとは（たぶん）いないと思う。ここにも、熊楠のイギリス流との違いがあらわれているのかもしれない。

国家官僚から研究者へ

柳田国男は一八七五年七月三一日、松岡操《みさお》（賢次）とたけの六男として、飾磨《しかま》県神東郡辻川村に生まれた。現在の兵庫県神崎郡福崎町辻川にあたる。父の操は医師であったが、もとは儒学を学び、さらに一時は姫路の熊川《ゆうせん》学舎に招かれて漢学を講じたり、国学に関心をもったりした時期もあり、柳田が生まれたときは鈴ヶ森神社の神官を務めていた。儒学の素養もあり、詩歌もたしなんだというから、多芸多才のひとであった。母のたけの実家の尾柴家も、医師の家系である。

柳田は男ばかりの八人兄弟の六男であった。長男の鼎《かなえ》は医師で、のち千葉県会議員や布佐町長を務めた。三男の泰蔵（井上通泰《みちやす》）は医師、国文学者。七男の静雄は海軍軍人ののちに人類学者、言語学者となるが、アマチュアに留まった。八男の輝夫（松岡映丘《えいきゅう》）は日本画家として成功した（ほかの三人は成人前に逝去）。

柳田は辻川から引っ越した北条町で小学校を卒業したものの進学せず、一一歳のときに辻川の大庄屋である三木家に一年あまり預けられた。このとき、同家の四万冊ともいわれる膨大な蔵書を読みふけり、しかも後年になってもその内容を思い出せたと語っている。近所の家蔵書を借覧したことと、その内容を頭に入れてしまう驚異的な記憶力は、幼少期に近所の家から江戸期の百科事典である『和漢三才図会《わかんさんさいずえ》』（一七一二年）を借りだし、書き写して覚えた熊楠とよく似ている。

一八八七年秋、一二歳になった柳田は、東京で医師免許を得たのちに茨城で開業していた兄の鼎のもとに移り、利根川沿いの布川《ふかわ》（現在の利根町）に暮らす。この時期にも隣の小川家にいりびたって、蔵書を読みあさったという。日本の歴史において、地方の蔵書家が一種の図書館として機能していた点は、新藤透の『図書館と江戸時代の人びと』（二〇一七年）などで指摘されているとおりである。

布川でも身体が弱いとして学校に通わなかったが、一八九〇年に帝国大学医科大学に在学中だった三兄・通泰のもとに移り、翌年、一七歳で尋常中学共立《きょうりゅう》学校に編入する。かつて熊楠も和歌山から上京して入学し、校長の高橋是清《これきよ》から英語を習った学校である。柳田は共立学校と東大の両方で熊楠の後輩であった。

翌年、柳田は郁文館《いくぶんかん》中学校に転校する。当時の共立学校や郁文館は、予備校に近い存在だったようで、ここで受験のための力を付け、一八九三年、一九歳で第一高等中学校（のちの一高）に入学した。一八九七年九月に東京帝国大学法科大学政治科に進み、松崎蔵之助から農政学を学んで、卒業論文では飢饉対策で穀物を貯蔵する三倉（義倉・社倉・常平倉）を扱った。熊楠もアメリカではミシガン州立農学校に在籍した時期があり、日本の民俗学をスタートさせた二人ともが農学を学んでいた点は興味深い。

ここまで家庭環境と学歴を見てきたが、柳田がかならずしも挫折を知らず、近代日本の学校システムのなかを順調に進んでいったのではないことがわかる。むしろ、途中で学校へ行かない時期があり、読書を中心とした独学を基礎とした点は重要だろう。

柳田は在学中に農務局農政課に内定ののち、一八九九年一一月の文官高等試験に合格。一九〇〇年九月に農商務省に入省し、高級官僚として社会に踏みだした。当時、官僚の採用は教授の推薦で決まることが少なくなく、柳田の場合も商法講座の岡野敬次郎が農商務省の参事官を兼任していた縁によるものであった。ちょうど農業関係の法律が次々と制定されており、大学を出た官吏が必要だったといわれる（柳田ら五人が同時に入省）。

実は同時に大学院にも進学しており、一九〇五年八月に満期除名されるまで在籍した。図書館利用の便宜のためだったとも伝わる。さらに一九〇一年九月から東京専門学校（翌年に早稲田大学と改称）で農政学の講義を担当した。一九〇二年九月には専修大学でも農業政策を講義し、一九〇七年から中央大学、一九一〇年から法政大学にも教えに行っている。当時の私立大学は、専任の教員をほとんどもたず、東大の教員や、専門知識をもつ官僚たちが講師を務めていたのであった。

柳田本人も、このころの若手官僚は「たいていどこかの私立大学へ講義に行かせられたものである。まあ一種の関門であった。私も明治三十四年から五年にかけて、早稲田へ出かけて行った。また三十五年から日露戦争の前まで、専修大学に行っていたこともある。科目は農業政策であった。そのずっと後に、慶応に招かれて民俗学を教えたこともある」(『故郷七十年』一九五九年)と回想している。慶應義塾での講義とは、官を辞したのち、一九二四年四月から文学部で民間伝承を教えたことをさす。

柳田と民俗学の始まり

柳田は、はじめから研究者をめざしていたわけではなかった。この時代の東大法学部の卒業生の多くと同じく、国家官僚の道を選んでいる。大学の教員としての「正道」からは、この時点で外れたことになり、留学の経験ももたない。

柳田はむしろ実地を歩くなかで、学問にめざめていく。農務局では仕事がら、各地の農村を訪ねることが多かった。一九〇一年二月一日から、群馬県西南部の製糸工場を視察に出たのが始まりで、翌一九〇二年に法制局へ転任となったものの、ひきつづき農政関係の仕事をつづけ、全国各地をまわって講習会を開くなどした。この二年間で「主に田舎を歩いた」という。当時は国会の解散が頻繁で、そうなってしまうと柳田もやることがなくなり、旅費だけは潤沢にあったので、あちこち出かけたとも伝わる。

このような経験を積み重ねたのち、一九〇八年五月二四日から八月二二日までの長期にわたる九州旅行の際に宮崎県椎葉村《しいばそん》を訪れ、イノシシ狩りの儀礼について聞いたことが、『後狩詞記《のちのかりことばのき》』（一九一〇年）につながった。日本民俗学の出発点とされる作品である。しかし、この時点ではあくまでも趣味であり、アマチュアとしての活動であった。

このような活動がイギリスの植民地官僚に似ている点を指摘しておこう。インドやアフリカをはじめとする植民地に赴任した官僚には、本務のかたわらで現地の言語や風習、動植物に関心をもち、研究・記録に励んだものたちがいた。彼らは調査結果をまとめて民族誌や博物誌として出版し、インド学会のような場で報告した。『N&Q』にも、植民地官僚による投稿が少なくない。

そうした行為は学問でもあり、植民地を統治するための方法でもあった。地元の言葉に精通したり、伝統的な法律体系を研究したり、商習慣に詳しくなったりすることは、効率的で「上手」な支配に有用だったのである。本人は支配に役立つなどとは考えてもおらず、現地のひとびとの幸福や福利をめざしていたとしても、である。柳田が官僚として地方のひとびとに向けた眼差しには、どこかそれらと共通するものを感じる。

柳田自身は農民に寄り添っているつもりでも、農民の側からすれば、柳田は自分たちとは立場の違う人間であった。「偉いお役人」であり、政府側の人間と見られざるを得なかった。こうしたすれちがいが柳田を農政学から離れさせ、民俗学へ進ませたとする岩本由輝《よしてる》らの見方もある。もちろん民俗学においてもすれちがいが発生する危険性はあり、柳田がやがて官を離れたのは、かつての失敗をくりかえさないように、と考えたからかもしれない。

少し先走りすぎてしまったが、官僚時代の柳田の人生は順調であった。一九〇一年五月に大審院判事を務めた柳田直平の養嗣子に迎えられ、この時点で「柳田」国男と姓が変わる。そして一九〇四年、直平の四女の孝《たか》が一七歳になったときに結婚している。官僚としては、一九〇二年二月に法制局参事官に任官、一九〇八年一月に宮内書記官を兼任するようになる。一九一〇年六月、内閣書記官記録課長を兼任。一九一四年四月に貴族院書記官長に任ぜられ、翌年一一月の京都での大正天皇即位式にも携わった。岡谷公二によれば、貴族院書記官長は官等でいうと勅任官の一等か二等に相当した。一等は法制局長官、公使、陸海軍の中将、二等は各省の次官や局長、陸海軍の少将にあたり、きわめて高位の立場であった。「書記」と付くものの、仕事内容は貴族院に関わる事務的なことがらすべてであり、かなりの忙しさだったようである。

柳田が国家官僚の職を離れたのは、一九一九年一二月で、五年あまり務めた貴族院書記官長を辞任した。このとき、四四歳である。しばらく間をおいて、東京朝日新聞社客員となるのは一九二〇年八月であった。このあたりについては、またのちほど扱いたい。

初期の著作

柳田は『遠野物語』（一九一〇年）や『山島民譚集』（一九一四年）、『海南小記』（一九二五年）などが有名だが、最初から民俗学の著作を手がけていたのではない。初期には農政学（柳田のいうところのルーラル・エコノミー）に関する書物を執筆している。前述した大学の講義をまとめた教科書的なものが多く、一九〇二年からの早稲田大学での講義による『農政学』（一九〇四年）、一九〇二〜〇三年の中央大学での講義をもとにした『農業政策学』（一九〇八年）、法政大学の授業で使われた『農業政策』（一九一〇年）が知られている（藤井隆至《たかし》の調査と整理による）。農政に関する著述は、次第に民俗学へ関心を移していくなかでもつづけられ、一九〇六〜〇九年の講演をまとめた『時代と農政』（一九一〇年）、『都市と農村』（一九二九年）などがある。

このころは講義の内容をもとにして、大学内の出版部局からテキストが発行される例が少なくなかった。授業のほかに、通信教育にも用いられた。柳田の講義が次々と印刷されたのは、当時、農政学が需要のあるテーマだったからでもある。『時代と農政』は聚精堂《しょうせいどう》という出版社が引き受けており、それなりの部数が期待できたのだろう（聚精堂の社主の田中増蔵が医学書の吐鳳堂《とほうどう》も経営しており、柳田の三兄の井上通泰とつながりがあったからとも考えられている（田中正明『柳田國男の書物』））。

　これに対して、最初の民俗学の著作となる『後狩詞記』は私刊として印刷された。旅費が二〇円あまり残っており、見積もりをとったところ、五〇部できるというので、印刷させたという。出版社から正式に出さなかったのは、売れる見込みがなかったのと、柳田自身の意識としても、あくまでも趣味という位置づけだったからかもしれない。そもそも私刊／自費出版というのは、いかにもアマチュアっぽい。ついでながら、神社合祀反対運動に際して熊楠の送った書簡を、柳田が「南方二書」として素早く印刷・配布できたのも、『後狩詞記』などの経験があったからと考えられる。この点は、のちに柳田がみずから郷土研究社を設立し、『郷土研究』を創刊し、「甲寅《こういん》叢書」「爐邊《ろへん》叢書」などを手がけていくことにも結びつく。

　一九一〇年五月に民俗学書の第二弾として『石神問答』が、六月には『遠野物語』が出版された。いずれも『時代と農政』と同じ聚精堂が手がけた。『後狩詞記』などを見て、出版社側が売れると判断したのだろう。この点については、まだ充分に検証できていないのだが、わたしは初期の民俗学が日本で受け入れられたのは、「読みもの」としての需要があったからではないかと考えている。柳田の文章は広く一般に読まれたし、学術誌よりも『太陽』などの総合誌に執筆するのを好んだ。朝日新聞社に入って論説を担当したことにもつながる。そして熊楠も一般読者向けの文章を得意とした人物であった。

　柳田の『後狩詞記』『石神問答』『遠野物語』の初期三部作は、聞き書きや物語を並べた内容で、学術的な整理、分析、考察はおこなわれておらず、研究書として執筆されたものとは考えにくい。このことは、のちの柳田の著作にも傾向として認められる。福田アジオが指摘するように、柳田は他人のアイデアを流用したり、著作から引用しても、ネタ元を明かさない傾向があった。学術研究のもっとも基本的なルールを守っていないのである。この点で熊楠は引用文献の明示を徹底しており、おそらく『ネイチャー』と『N&Q』への投稿を通して身に付けたものと考えられる。

人的ネットワークの形成

熊楠は大英博物館のリーディング・ルームで文献を通してフォークロア研究（民俗学）にとりくみはじめ、生涯を通して書物に頼った。田辺で「随聞録」として聞き書きをし、書簡による情報収集もおこなったが、かぎられたものに留まった。自分から遠方へ訪ねていって話を聞くという「民俗学っぽい」調査は、ほとんどしていない。熊楠は出不精で内気な人間であった。柳田は正反対に、あちこち出かけて各地で同好の士と交流し、弟子を育て、人的ネットワークをつくりあげた。そのあたりは、牧野とよく似ている。

柳田の仕事には、初期からこうした傾向が強く、一九〇八年七月一三日から一週間滞在した宮崎の椎葉村で、村長の中瀬淳《すなお》から聞いた話をもとに『後狩詞記』を書いた。一九〇八年一一月四日に始まる佐々木喜善の語りからは『遠野物語』が生まれた。『石神問答』も山《やま》中笑《なかえむ》（共古《きょうこ》）、伊能嘉矩《かのり》、緒方小太郎らとの書簡のやりとりから構成されている。柳田の民俗学は、多数の協力者ありきの学問だったのである。

柳田は組織化が上手だった。官僚となった直後の一九〇一年一月ごろからサロン的な集まりをもつようになり、一九〇二年一月に文学会、一九〇五年七月一五日に竜土会を始めた。一九〇七年二月一日に学士会館で第一回が開かれたイプセン会には、田山花袋、島崎藤村、国木田独歩らが参加した。当初はどちらかといえば、文学サークル的な色合いが強く、柳田が英語とドイツ語に堪能であったため、イプセンについて解説したという。この語学力によって、のちに熊楠から欧米の研究状況を知らされると、大量の洋書を入手して勉強していくのである。ともかく、知識人による国際志向の会であった点は、本書のこのあとの議論に関わってくるので、覚えておいてほしい。

一九〇八年一月には、民俗的な側面を強めた郷土研究会を自宅で発足させる。もともとは出張帰りの柳田が土産話をする会だったというが、一九一〇年一二月四日に新渡戸稲造らを迎えたことで、郷土会へ発展する。郷土会には、農政官僚の石黒忠篤や有馬頼寧《よりやす》、地理学の小田内通敏《みちとし》、農業史の小野武夫、のちに創価教育学会を起こす牧口常三郎らが参加した。実際に現地を訪ねるのにくわえて、同好の士を集め、組織をつくって情報収集・交換をおこなうのが、初期からの柳田の方法だったのである。

さらに遠方のひとびととは書簡を通した関係を結んでいった。熊楠との往復書簡は平凡社ライブラリー版で上下二冊分にものぼる。もちろん熊楠以外とも手紙をやりとりした。柳田は筆まめな人間として知られ、たとえば熊楠研究者の飯倉照平《しょうへい》から、学生時代に柳田にファンレターを出したら、ちゃんと返事が返ってきたと聞いたことがある。短い書簡が多く、絵葉書もよく使った（文字を書くスペースが少なくてすむのである）というが、全国のアマチュア民俗学者たちの心をつかむのに有効な方法であったのはまちがいない。

しかし、サロン的な直接顔を合わせる集まりには限界があり、一対一の関係に留まる書簡に頼るのも効率的とはいえない。そのため、やがて柳田は雑誌というメディアに行きつき、さかんに利用していく。一九一三年三月、高木敏雄とともに『郷土研究』を創刊したのを皮切りに、さまざまな雑誌を手がけ、全国各地から投稿者を集め、誌上で情報を収集していったのである。この『郷土研究』には、熊楠と『N&Q』の影響があった。

柳田と熊楠の出会い

柳田と熊楠との「出会い」について、柳田は『故郷七十年』で、人類学者、考古学者の坪井正五郎に『石神問答』（一九一〇年）を贈呈したところ、熊楠にも送るように勧められたと回想している。これが一時は定説となっていたが、近年になって柳田の記憶違いであることが判明した。

熊楠サイドからの研究では、熊楠が柳田を知ったのは入監中だったことがわかっている。一九一〇年八月二一日、熊楠は紀伊教育会が主催した夏期講習会（会場：田辺中学）に酔っ払って乱入し、翌日、拘引された。地方の小さな神社をつぶし、一箇所にまとめてしまおうという神社合祀政策に反対しての事件であった（この事件に関しては、南方熊楠顕彰館の二〇二四年春期特別企画展「入監中の南方熊楠――1910年の拘置をめぐって」で詳しく紹介された）。

熊楠の「入監中ノ手記」および日記には、二七日に獄中へ柳田の『石神問答』が差し入れされた記録がある。しかし、柳田からではなく、地元の『牟婁《むろ》新報』の植字工である秋川正次郎によるものであった。すなわち熊楠が読んだのは、柳田から送られたものではなかった。ともかく、『石神問答』に感銘を受けた熊楠は、自由の身になったのちの一〇月四日、田辺町内の岡茂《おかしげ》という書店で『遠野物語』を購入している。柳田の研究に感銘を受けた熊楠は一一月の『東京人類学会雑誌』二九六号に掲載された「本邦における動物崇拝」と「馬頭神について」で、『石神問答』や『遠野物語』を引用している。

実際には、柳田は一九一〇年七月に東京人類学会会員の柴田常恵《じょうえ》に熊楠への紹介を依頼し、しばらくのちの一九一一年三月一九日付で熊楠へ手紙を送ったことで、二人の往復書簡が始まっている。この手紙の末尾には「突然ながら一書拝呈仕《つかまつ》り候」とあり、面識のないままに柳田が手紙を出したことがわかる。以来、二人の交流は一九二六年六月六日付の熊楠から柳田への手紙までつづいた。

一九一三年一二月三〇日に柳田は、田辺まで熊楠を訪ねている。友人の東大教授・松本烝治《じょうじ》をともなっての旅であった。しかし、到着が夜になり、予告なしの訪問でもあったため、熊楠はうまく対応できなかった。結局、夜遅くに酔っ払った状態で熊楠が二人の宿泊先まで行ったものの、ろくに話もできず、翌朝に柳田が南方家へ再訪したときも布団をかぶり、臥《ふ》せったまま話したという。

柳田はそれでも熊楠を見限らず、ただし、それ以後は主として書簡のやりとり、誌上での問答にかぎっての交流となった。

柳田はなぜ熊楠に頼ったのか

柳田は熊楠に大きな期待をしていた。わざわざ年末に田辺まで出かけていくほどである。それは熊楠がイギリスで本場の民俗学／フォークロア研究を学んできていたからにほかならなかった。現地で目にしてきたばかりでなく、『N&Q』の常連投稿者として活躍するなど、熊楠は実践的な方法論をもしっかりと身に付けていたのである。

イギリスに留学した日本人は多い。しかし、多くは大学をはじめとする教育機関に在籍して勉強した。大学で学べるのは、そこで開講されている科目のみである。当時、民俗学やフォークロア研究は大学の正課となっておらず、教員もいなければ授業もなかった。そのため、留学帰りのひとたちにあたっても、民俗学の方法論や研究動向を知ることはできない。そこに熊楠という存在があらわれたのである。熊楠はイギリスで大学に入らなかったからこそ、アマチュアたちの学問であるフォークロア研究の世界に入っていけた。柳田にとっては、唯一無二の頼れる存在だったといえよう。

熊楠は教えたがりの人間であり、柳田との往復書簡で惜しみなくイギリスの状況を伝えた。一九一一年六月一二日付の書簡で、

欧米各国みな Folk-lore Society あり。英国には G. L. Gomme もっともこのことに尽瘁《じんすい》し、以為《おもえら》く、里俗、古譚はみな事実に基づけり、筆にせし史書は区域限りあり、僻説強牽の言多し、里俗、古譚はことごとく今を去ること遠き世に造り出されしものなれば、史書に見る能わざる史蹟を見るべし、と。その著書多般なれど、みな里俗、古譚によって英国人民発達の蹟を考えたるなり。今年始の慶賀に、今皇［ジョージ五世］、特にその功を賞し、男爵を授けたり。［……］わが国にも何とか Folk-lore 会の設立ありたきなり。また雑誌御発

行ならば英国の'Notes and Queries'［……］ごときものとし、文学、考古学、里俗学の範囲において、各人の随筆と問と答を精選して出すこととしたら、はなはだ面白かるべしと思う。

と述べている（＊平凡社ライブラリー版から、翻刻のミスと思われる箇所を訂正した）。フォークロア研究、すなわち日本でいうところの民俗学について、学会や中心人物を挙げ、日本にもフォークロア会を設立するべきであり、雑誌を出すなら『N&Q』をモデルにするのがいいと勧めている。イギリスでは雑誌という媒体によって、アマチュアとプロが入り混じった学術空間が成立しており、日本でも有用ではないかと提案したのであった。文中のジョージ・ローレンス・ゴンム（一八五三〜一九一六年）はアンティカリ、民俗学者で、一八七八年に妻らとフォークロア協会を設立し、のち会長に就任している。多数の著作を残し、イギリスの民俗学を確立させた人物のひとりとして知られる。ゴンムも大学などの学歴はもたず、行政関連の仕事をするかたわらで研究にとりくんだアマチュアであった。

柳田は六月一四日付の書簡で、「一、Gomme 氏の著書は御持ちなされ候わばちょっと拝見致したく候。Notes and Queries も今の仕事を片付け次第少なくも先生の御著作の分だけはぜひ拝見し置きたく候」と反応した。やがて自身で買いこんだのであろう、柳田旧蔵書には、ゴンムの『フォークロアのなかの民族学』（一八九二年）と『歴史科学としてのフォークロア』（一九〇八年）が残されている。

熊楠は柳田にイギリスの民俗学の開祖とされるジェイムズ・フレイザーについても教えたほか、一九一四年五月一六日付の書簡で七二点の欧文文献リストを示し、ヘンリー・メイン、フュステル・ド・クーランジュ、ハーバート・スペンサー、ヴィノグラドフなどの著作を挙げている。

もともと農政学をめざしていた柳田は、熊楠との出会いによって、フォークロア研究／民俗学という方法を知った。それでも当初は、一九一四年五月一二日付の書簡で「小生専門はルーラル・エコノミーにして、民俗学は余分の道楽に候」と抵抗したが、急速に関心の対象を変えていく。民俗学こそがみずからの目標に適合する方法論であると気付いたのであった。そしてそのことによって、官の学問である農「政」からの決別へ向かっていく。

『N&Q』と『郷土研究』

やがて柳田は神話学者の高木敏雄とともに一九一三年三月、『郷土研究』（図6－2）という雑誌を始める。当初は高木が編集を、柳田が資金面を受け持ったという。翌一九一四年四月、『郷土研究』への援助を仰ぐべく、柳田は熊楠に「フォクロアの研究法とでもいうべき

6－2　『郷土研究』

ものを御書き下さるまじくや。これは地方の後進に対し大なる誘掖《ゆうえき》にて、兼ねてこの学問を盛んならしむる所以《ゆえん》かと存じ候」と申し入れている。イギリスの方法を知悉《ちしつ》する熊楠に教示を請うたのである。

これに応えて熊楠は、四月一四日付の書簡で、「民俗学入門ともいうものは、小生久しく心がけおり、七十日もかかればちょっとしたものは出来申し候。これはたしかに収益の見込みあらば作り申すべく候」と返事をした。

柳田は四月二一日付で「民俗学の入門は御思い立ちなされたく再度御すすめ申し候」と述べるなど、くりかえし熊楠に執筆を要請し、『郷土研究』で毎号一〇ページほどの連載をもってほしいと依頼している。原稿料も毎月二〇円出すとした。

熊楠は、五月一〇日付で「毎号十頁の論文は、毎号にてはちょっとむつかしく候」と述べ、記憶力が衰えたのと、実際に原書にあたって確認するのが大変なため、と言い訳している。そのかわりに『エンサイクロペディア・ブリタニカ』第一一版から「民俗学（フォルクスキュンデ)」に関する諸項目を訳出して列挙した。

柳田は、熊楠に欧米のフォークロア研究について教えてくれる役割を期待していた。しかし、ものごとを整理し、論理だった文章を書くのは、熊楠の得意とするところではなかった。そのため、簡単に書けるような口ぶりだったにもかかわらず、結局は執筆できず、『エンサイクロペディア・ブリタニカ』の紹介だけでお茶を濁したのである。

一九一三年三月に『郷土研究』が創刊されると、全国から投稿が集まり、誌面は活況を呈した。この時期、すでに各地に近代教育を受けた知識人がおり、みずからの知識を発表、活用できる場を求めていた。こうした状況は、イギリスの『N&Q』とまさに重なる。そして日本でも、一八七一年に前島密《まえじまひそか》の発案によって、官営の郵便事業が整備されていたのである。

熊楠が『N&Q』の日本版をつくることを勧めたのを受けて、『郷土研究』には創刊号から「紙上問答欄」が設けられた。柳田が大唐米《だいとうまい》という、美味しくはないが痩地にもよく育ち、虫害にも強いとされる種類の稲について質問したほか、「郷土会の一会員」や川村杳樹(柳田のペンネーム)、高木などによる計六点の質問が出ている。

熊楠は紙上問答欄にしばしば投稿し、たとえば「鉄漿《かね》つけ」(『郷土研究』一巻四号、一九一三年六月)として、「明治二十三、四、五年ごろの『風俗画報』に、本邦某地方に、男子妻を望む時、その友人が徒党して、かの男が欲する女子を途に要し、掠《かす》めて男の宅に運び納《い》れ、強いてその歯に鉄漿を塗る風があると載せた」のを見た記憶があるが、詳細を忘れてしまったので教えてくれないかと質問したところ、別の投稿者から「答。明治二十七年七月『増刊風俗画報』七五号（日本婚礼式上巻）に、淡路国津名郡由良町のこととして」出ていると回答があった。

逆に、大野芳宜という人物から「「きのめ」について」として、「問。山の中で食べられる樹の実の種類を教えてください。栗や椎の実なら知っております」（『郷土研究』一巻三号、一九一三年五月）との質問があったときには、一巻九号（一九一三年一一月）で「『松屋筆記』巻八七、きのめづけ、通草《あけび》の葉なり、とある。［……］ただし、紀州和歌山から田辺《たなべ》辺《あたり》できのめと言うは「さんしょう」の嫩葉《わかば》だ」と回答し、さらに一巻一二号（一九一四年二月）で、

黒川道祐の『雍州府志《ようしゅうふし》』巻六に、木の目漬、「洛北鞍馬の土人は、春の末、夏の初めに、通草の葉を採り、忍冬《にんどう》の葉、木天蓼《またたび》の葉と合わせて、細かくこれを剉《きざ》み、塩水をもってこれを漬け、しかる後に蔭乾《かげぼし》にしてこれを用う、云々」とある。しからば「あけび」「にんどう」「またたび」三種の芽を木の芽と言ったのだ。いずれも木本の蔓生植物だ。

と追加している。熊楠にとっては、『N&Q』で慣れ親しんだ形式だったのである。ちなみ

に、いまも京都は鞍馬の名物と知られる木の芽煮のことだろう。

熊楠は『郷土研究』に熱心に投稿し、日本、中国、西洋と多様な文献を用いて論を展開した。しかし、『N&Q』と違って、『郷土研究』ではまとまった論考が中心となり、紙上問答欄は脇役的なものに終わった。熊楠の「質問」は三巻一一号（一九一六年二月）の「女を男に男を女にする水」が最後で、「応答」も三巻八号（一九一五年一〇月）の「アグリという名」までとなる（なお、『郷土研究』の紙上問答欄には各篇の表題がない。平凡社版の『南方熊楠全集』の出版時に編集部が付けた表題を本書でも採用した）。なぜ質疑応答による情報交換が『郷土研究』でうまくいかなかったのかは未解明だが、牧野に全国から植物鑑定依頼が殺到し、植物採集の会が人気を博したように、明治〜大正の日本では横のつながりではなく、先生と弟子という縦の関係のほうがなじみやすく、信頼されたのかもしれない。

以後も柳田の関わった『土俗と伝説』という雑誌に問答欄が設置されるなど、質疑応答という方法は完全に姿を消したわけではないが、大きな意味をもつこともなかった。すなわち、情報のやりとりは相互ではなく、一方通行となった。投稿者の役割は、それぞれの地元／手持ちの情報を誌上（すなわち柳田）に提供する点に絞られていったのであった。

柳田と共同編集者の高木とのあいだには早くからひびが入り、一九一四年四月に高木が降りてしまう事態となっていた。決別の直接的な理由は、高木が学術的なものをめざしていたからといわれ、たとえば高木が裏表紙にドイツ語でタイトルやもくじを示したことが指摘される（鶴見太郎による分析）。これに対して柳田は、全国のアマチュアからの投稿を重視した。ただ、おそらくそれだけではなかったのだろう。牧野の章でも述べたとおり、情報収集のシステムとして、中心的存在は二人もいらなかったのである。

『郷土研究』の二巻二号からは柳田単独でつづけたものの、主要投稿者として雑誌を支えていた熊楠との関係も悪化していく。二巻六号（一九一四年八月）に熊楠の寄せた「郷土研究の記者に与うる書」では、「記者」、すなわち柳田に対して、鋭い批判が記されている。柳田が複数のペンネームを使い分けて誌面を私物化していること、投稿者たちの相互交流の場となっていないこと、性的な話題が許されにくいこと、国際比較の視点が弱いことを指摘し、改善を要求したのである。

しかし、柳田は方針を改めなかった。一九一五年四月の四巻一号からは誌上問答欄も廃止されてしまう。柳田は「紙上問答は近頃、質問ばかりたまつて、どの方面からもとんと応答が来なくなつた」と説明しているが、実際には前月の三巻一二号には質問が二件に対して、回答が一一件出ている。

それでも熊楠は投稿をつづけたが、結局、一九一七年三月の四巻一二号で休刊となった。最終号は、川村沓樹「玉依姫考」、久米長目「一つ目小僧」、大野芳宜「狒々」など一四篇の論考が並び、一見すると多数の投稿者で賑わっているように見える。しかし実のところ、掲載された文章はすべて柳田がペンネームを使い分けて執筆したものであった。当初は投稿者の自由な発表の場だったはずが、次第にバランスを崩し、ついには破綻してしまったのである（一九三一年に『郷土研究』は、第五巻第一号を出して「復活」する）。

一国民俗学へ

柳田は生涯に多数の協力者を得る一方で、しばしば喧嘩別れも経験した。高木の場合がまさにそうであったし、このあと熊楠とも絶縁となる（図6－3）。やはり、情報や知識をまとめるには、ひとりのみが中心となる必要があり、構造的に仕方なかったのだろう。『郷土研究』でも、それが原因で協力者や寄稿者を失い、休刊せざるを得なくなった。まだ民俗学というものが始まったばかりで、理解も広がっておらず、機が熟していなかったのかも

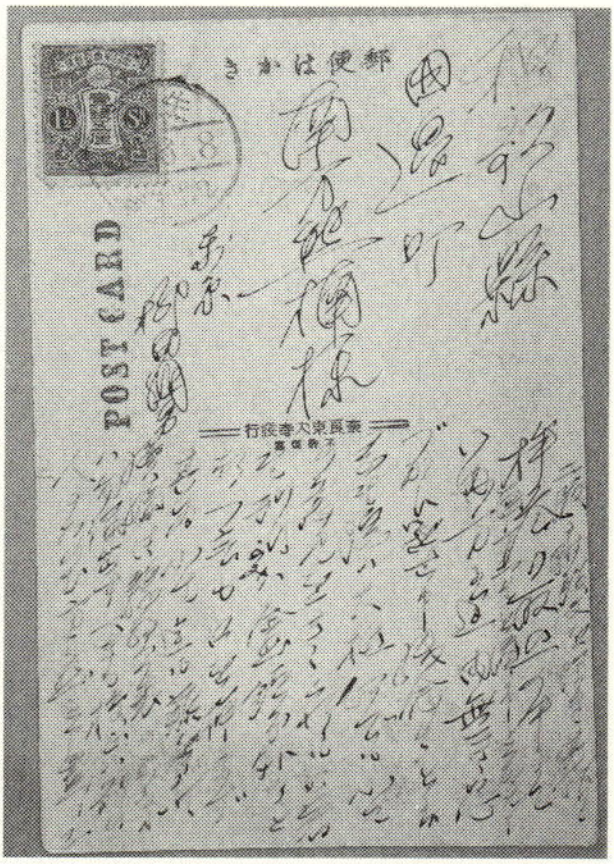

6－3　柳田から熊楠へ宛てた最後の手紙（1926年6月8日付、南方熊楠顕彰館、田辺市）

しれない。

それでは、熊楠のアドバイスと『N&Q』的な方法がまったく失われてしまったのかというと、そうでもないとわたしは考えている。高木との決裂の理由は、官学的（ドイツとはいかにもな！）で学術的な方向を志向するか否かにあった。柳田が、大学関係者のみが書くようなものをめざすのではなく、大きく間口を広げ、一般投稿者を歓迎したのには、もしかしたら『N&Q』と熊楠の影響があったのかもしれない。そして、このことが日本の民俗学の方向性を決めていくことになった。

以降に柳田が関わった雑誌でも、投稿者／掲載論考を専門の研究者のみに絞らなかった（いや、むしろ大学のプロの研究者たちと距離を置いた）のは、民俗学においては多数のアマチュアの協力者こそが重要なのであり、効率的なことに気付いたからだろう。雑誌を通して全国に人的ネットワークを形成し、膨大な情報を一箇所に集積するのが、民俗学にとって最適な方法論だったのである。

民俗学は、情報収集が肝要な分野である。しかし、交通事情のよくない当時は現地に行くだけで苦労することも少なくなかった。各地を歩きまわった柳田は、身に染みてその点を理解していた。時間も資金も必要だし、地域の古老から昔話を聞き、書き留めるにも方言という「壁」がある。佐々木喜善から『遠野物語』のもととなる話を聞いたときのことも、「いろいろ話すが、なんとしても、ナマリがひどくて言葉が通じない」(『岩手日報』一九五三年一月一日号での伊藤圭一郎との対談)と回想しているくらいだ。

年中行事ならば、何度もくりかえし足を運ばなければ、網羅的に取材できない。神事などは、よそものに見せてくれない場合もある。データを集めるのが大変な分野なのである。ひとりでは、とうてい完成できない。それを各地のアマチュアたちに担ってもらえば、ずっと効率的になり、また深いところまで正確に記録できる。民俗学を全国的におこなうには、組織化が必要だった。

そのため、柳田はサロン的な集まり、現地への訪問、書簡のやりとりにくわえて、一九三五年に「民間伝承の会」を立ち上げ、『民間伝承』という雑誌をつくった。このころになると、柳田の周囲には大間知篤三《おおまちとくぞう》、橋浦泰雄、関敬吾、瀬川清子ら優秀な弟子たちが育っていた。さらに『民間伝承』では広く一般の投稿を募り、一巻四号(一九三五年一二月)の巻頭論文には宮本常一《つねいち》による「採集者の養成」が掲載されている。『郷土研究』での失敗を反省して、人的資源の組織化と養成に重きを置いたのであった。階層構造をつくり、仕事を分担していくあたりは、『OED』のマレーとサブ・エディター、ヴォランティア・リーダーの関係を思わせるところもある。

柳田は徐々に手を広げ、失敗から学んで改善し、最終的に優れた情報収集システムを完成させた。そうした粘り腰は、熊楠にはとても真似できないことだった。そしてこのようにして日本の民俗学は完成したものの、結局は柳田によって情報が吸い取られ、集められ、まとめられていく仕組みとなった。イギリスのフォークロア研究とは異なる、日本の柳田民俗学、すなわち一国民俗学が成立したのであった。

官を離れた意味と目的

柳田は高級官僚として活躍し、位階としては一九〇二年の従七位に始まり、一九一八年に従四位まで進んだ。勲章も一九〇六年に勲六等単光旭日章、一九二〇年に旭日中綬章を受章するなど、数々の名誉に輝いた。これらは、船木裕らによって指摘されて久しい。無位無冠のままで一生を終えた熊楠とは、大きく異なるところである。しかし、柳田がそうした立場にあったからこそ、竜土会や郷土会を主催し、有力なメンバーを集めることができた。

各地を調べてまわるのには、旅費が必要である。個人で賄うとしたら、少なからぬ負担となる。しかし、前述のように官僚としての視察という名目で、柳田は各地を旅することができた（もちろん仕事もちゃんとしたのだろうが）。そして椎葉村の例に典型的なように、ひとりの私人ではなく、公的な立場での訪問だったからこそ、村長が協力してくれたのである。官であることによって、可能になったものは非常に大きかった。もし熊楠のように何の後ろ盾も肩書きもない人物が訪れたとして、はたして望むだけの情報が得られただろうか。

柳田が高級官僚であることは厳然たる事実であり、田部井隼人の指摘によれば『やまと新聞』（一九一〇年六月二六日）に、『遠野物語』のもっとも早い書評が出たときには、「法制局参事官柳田法学士の著せるもの也」と身分が明記されていたという。熊楠も弟の常楠に「此人は近日迄行政裁判所評定官かなりしなり」と書き送っている（一九一一年六月二一日付の柳田からの来簡を常楠に転送した際の書き入れ）。柳田という人物をあらわすには、官僚であることを紹介するのが定法だったのである。

それでは、なぜ柳田は官を離れたのだろうか。前章で見た牧野のような道もあったのではないか。官僚を辞した理由としては、貴族院議長の徳川家達《いえさと》との不仲が指摘されたことがある。一九一八年に北九州に家船《えぶね》で生活しているひとびとを調査に出かけているあいだに衆議院の官舎が火事になり、不在であったことから、だいぶ批判があったともいう。ほかにも台湾の民政長官の人事に関わったこと、あまりに旅行しすぎていたことなどが挙げられてきた。しかし、これらは事実ではあるのだろうが、退職せざるを得ないほどの理由でもないように思える。辞めるのによいきっかけとなったくらいだったのかもしれない。結局のところ、柳田研究者のあいだでも、官を離れた理由に結論は出ていないようだ。

柳田は一九一九年一二月に貴族院書記官長を辞任し、翌年二月に朝日新聞社に客員として入社した。これ以降の柳田の民俗学者としての活躍はめざましく、『海南小記』（一九二五年）、『山の人生』（一九二六年）、『雪国の春』（一九二八年）と次々と著作を発表していく。なお、正式に朝日新聞の社員となるのは、一九二三年のジュネーヴから帰国後のことである。

柳田は一九二一年に渡欧してジュネーヴの国際連盟委任統治委員に就任したが、これももちろん高級官僚としての経歴によるものだろう。旧知の新渡戸稲造らとエスペラントの公用語化に尽力するなどしたものの、一九二三年に国際連盟委任統治委員を辞任して帰国する。この間に二度、ヨーロッパと北米を訪れたほか、フレイザーとスイスで会ったようだ（福田アジオの指摘による）。

当時の新聞界には、たとえば夏目漱石のように、官僚や官学を離れて入ったものが少なからずおり、一種の受け皿として機能していた。待遇もよいし、自由に動けるのが、柳田にとっても魅力だったのだろう。

夏目漱石についていえば、東京帝大で講師を務めており、教授就任も間もなくとされていた一九〇七年、四〇歳のときに大学を辞し、東京朝日新聞社に転職した。給料は月額で二〇〇円。入社にあたっては、身分の安定、退職金や年金の保証、小説執筆の回数、他紙・他誌への執筆の可否などの条件を細かく擦りあわせた。このあたりは、きっちりした制度のあった官から移るため、当然の心配だったのかもしれない。小説記者という扱いであり、出社は毎日ではなく、週に一度の編集幹部会にのみ出席を求められた。やがては小説だけでなく随筆や評論も担当し、文芸欄も主宰した。大阪朝日新聞社主催の講演旅行も引き受けている。

芥川龍之介は、東大在学中から文学作品を発表して評価も高かったものの、創作だけで生計を立てられるか不安があり、一高時代の恩師・畔柳都太郎《くろやなぎくにたろう》（芥舟《かいしゅう》）の紹介で、一九一六年七月に東京帝国大学英文科を卒業ののち、横須賀の海軍機関学校に英語の嘱託教員として就職する。しかし、一九一九年三月に辞職して、大阪毎日新聞社に迎えられる。出勤の義務はなく、年に数回の小説執筆が条件であった。月俸は一三〇円。

熊楠は入社したわけではないが、『大阪毎日新聞』や地元の『牟婁新報』と強いつながりがあり、多数の記事を執筆している。新聞は原則として民の側であり、一般読者に向けて言論を発信するものであった。

結局のところ、柳田はひとりの個人として活動するのではなく、大新聞である朝日を選んだ。民とはいえ、充分な後ろ盾であった。牧野とはまた違ったかたちではあるが、柳田も官と民のあいだにみずからの居場所を定め、民俗学という大量動員の必要な学問分野を押し進めていったのである。

民としての柳田

牧野と同じように、柳田にもひとびとへ擦り寄るような姿勢が見られる。たとえば、みずからの生まれ育った家を「日本一小さい家」と称したことはよく知られているだろう。柳田の生まれたころの松岡家は経済的に困窮しており、実際、家は広くなかった。しかし、福崎町の柳田國男・松岡家記念館の西隣に移築されているその家を訪ねてみればわかるように、そこまで小さいわけではない。座敷が四畳半、納戸が四畳半、さらに三畳の部屋が二つあり、そこそこ広い。それにもかかわらず、「日本一小さい」と強調したのは、みずからが民の側の出であることをアピールしているのだとも受けとれる。けっして広壮な屋敷に生まれた金持ち、地主、上流階級の人間ではないとのメッセージを発しているのである。

ここからは駆け足で見ていこう。一九三三年九月四日に木曜会が始まる。自宅で民間伝承論について講じたもので、初回が木曜であったことから通称された。これをもとにして翌年に郷土生活研究所の会合がスタートし、宮本常一らをくわえて全国的な山村生活の調査にとりくむ。その成果として、一九三七年に『山村生活の研究』がまとめられた。一九三四年には『民間伝承論』が出て、民俗学を調査するための方法論を公開した。誰でもがとりくめるようにするためのマニュアル本であり、同書で「学ぶ」ことで、実際に全国からアマチュアの民俗学者が誕生していく。

一九三五年七〜八月に東京・青山の日本青年館で開かれた日本民俗学講習会には、全国各地から七二人が参加した。柳田の還暦を記念する会として、折口信夫《おりくちしのぶ》や金田一京助が企画したものであった。講師としては、伊波普猷《いはふゆう》、杉浦健一、桜田勝徳《かつのり》、関敬吾、大間知篤三、後藤興善、橋浦泰雄、最上孝敬、佐々木彦一郎、岡正雄、松本信広らが並んだ。

講習会が成功したことで、一九三五年八月に「民間伝承の会」が結成される。民俗学を志すひとたちの全国組織であった。そして九月に雑誌『民間伝承』が創刊される。

「民間伝承の会」と『民間伝承』は、知的な貢献の場に飢えていたひとびとをたちまち集め、設立翌年の一九三六年には全府県から会員が登録された。とくに一九四〇年代に入ると会員数が急伸し、一九四一年以降は毎年二〇〇人以上の新入会員を数え、一九四四年には七三一人にも及んだ（戦時中でも、「安全」な知的活動の場とみなされたのもあるだろう）。さらに各地で類似の会が結成され、郷土研究会と総称されていく。

この前提となったのは、各地に教育を受けた知識人が増加していた点であった。大学の数が増え、各地に教員や役人が配置され、全国津々浦々に地元／外来の知識人があふれていく。そもそも大学を出ても、職に就かないひとたちも出てくる。一九一一年の東京帝国大学文科大学の卒業生のうち、三九・五％が職業未定だったというデータがあるくらいだ。なかには洋行帰りの「無職」すらいた。知識と学歴をもちながら、定職をもたないインテリが増加し、民俗学を趣味的側面と国家への奉仕の両面をあわせもった格好の場と捉えるものたちがあらわれたのである。

第二次世界大戦後の一九四七年三月、柳田は成城の自宅書斎の隣に民俗学研究所を設立した。一九四九年四月には、民間伝承の会を日本民俗学会と改め、初代会長に就任している。この時点をもって、民俗学は公式の学会組織を備え、どこに出しても恥ずかしくない学問となることに成功したといえよう。そして柳田は一九五一年に國學院の教授に就任し、プロの研究者の身分も得たのであった（新設された大学院の神道学コース）。

柳田は熊楠の死去を受けて、「南方熊楠翁のこと」（一九四一年一二月三一日）という談話を『朝日新聞』に寄せ、「我が国では、わづかに翁の博識な部面だけしか知られてゐないのは遺憾で、植物学に関する研究資料を蒐めて、まとめることは翁に私淑する人達のなすべき最も大切な仕事であらうと思ふ」と熊楠の顕彰の必要を訴えている。牧野の場合とは異なり、温かな追悼の言葉といえよう。柳田にとって、熊楠はみずからの民俗学の始まりに欠かせない人物だったのである。

第7章　福来友吉と超能力研究——アカデミズムの外側でも

大学ではできない学問

植物学や哲学のような「大学でできる学問」に対して、大学では不可能な（あるいは、扱いにくい）学問がある。代表的な例が、心霊科学や超能力だ。大学の研究者が霊魂や超自然的な力を前提として、実験したり、論文を書いたりするのは難しい。たちまち周囲から白眼視され、学会でも相手にされなくなり、場合によっては大学にいられなくなってしまう。それはいまから百年以上前、二〇世紀初頭でも同様であった。すなわち福来友吉（一八六九〜一九五二年、図7－1）は透視や念写について研究したことで、東大の助教授という地位を失った。周囲から圧力をかけられ、辞任を余儀なくされたのである。官学では、そういった研究は許されなかったのだ。

そこまでは有名だと思うが、追放以後の福来のことを知っているひとは少ないだろう。東大の先生という、せっかくの地位を失ったのだから、以後は研究者として活動できなかったと（なんとなく）思っているのではないだろうか。

ところが、東大を辞めた福来が再就職に困り、超能力研究を諦めざるを得なかったかとい

7−1　福来友吉

えば、まったくそんなことはなかった。福来は高野山大学に迎えられて研究をつづけ、多くの仲間たちにも恵まれた。すなわち、心霊研究／超能力研究は「民」では許されたのであり、これもひとつの官と民のあいだの問題といえよう。

心霊科学やオカルトや超能力といったものには、無限の可能性があるように感じられ、ひきこまれるひとたちが出る。欧米では一九世紀に心霊科学が流行し、降霊会がさかんに開かれ、霊媒たちが死者の霊を呼び出した。そしてそれを真剣に信じる科学者があらわれ、逆に批判的な検証を試みる学者もいた。結局、「真実」だと証明できなかった心霊科学は、大学の正式な学問分野として定着しなかった。しかし、超自然的なものは形を変え、何度もよみがえる。一九二〇年代にはアメリカのデューク大学でジョゼフ・バンクス・ラインが、ESPカードを使った超能力（テレパシーや透視）研究にとりくんだように、大学業界でたびたび息を吹きかえしてきた。UFO研究なども同様である。常温核融合やSTAP細胞といった近年の科学騒動を見ても、科学と非科学は最初から判然と分かれているのではなく、そのときどきの社会状況によって扱いが変わると考えるべきだろう。

オカルトや超能力が、しばしば大学と関わりながら展開するのは、偶然ではない。というのも、オカルトや心霊現象は、つねに「権威ある科学的な裏付け」を欲しているからだ。学者たちが賛同し、バックについてくれれば、ひとびとから信用され、メディアにもとりあげられ、信奉者も増えていく。一昔前に、テレビ番組でＵＦＯや幽霊や火の玉が、しばしば大学教授たちを巻きこむ形で大人気だったのを覚えているひとも多いだろう。オカルトと学問は、切っても切れない関係にあるといえる。

本章では、近代日本における最大のオカルト事件の主人公であった福来友吉について見ていくことにしよう。

千里眼研究

一八六九年一二月五日、福来は岐阜県高山の呉服商の息子として生まれた。熊楠よりも二歳下で、ただし、このときはもう明治になっていた。実家は高山で有数の豪商であり、大きな蔵を並べていたという。最初は商売を学ぶために奉公に出されたが、読書を好む性格から向かないと諦め、またその才能を見いだした周囲の支援によって、学問の道へ進んでいく。

怪奇なものに関心を抱き、みずからの目で検証しようとするのは少年時代からで、一二歳のときの「幽霊退治」のエピソードが残っている。近くの峠道に幽霊が出るとの噂が広まり、関心をもった福来少年がひとりでたしかめに行ったところ、白いものがあらわれ、いかにもそれっぽく見える。ところが、よく確認すると悪戯小僧たちが白い着物を棒にひっかけて、通行人をおどかしているのであった。怒った福来少年は、小僧たちをとりおさえ、悪戯をやめさせたという。

福来は代用教員や家庭教師として二年間働き、学資を貯めたうえで、一八九三年に京都の第三高等中学校に入学する。やがて移った仙台の第二高等学校を一八九六年七月に卒業し、九月に帝国大学文科大学に進んだ。熊楠の後輩になったわけだが、在学期間は重なっていない。一八九九年に文科大学哲学科を卒業すると、大学院は心理学科に進学し、日本で最初の心理学者とされる元良《もとら》勇次郎教授に師事して、実験心理学を専攻した。

一九〇一年に最初の著作の『教育的心理学講義』(帝国通信教育会)、一九〇二年にアメリカの心理学者であるウィリアム・ジェイムズの著作を翻訳した『心理学精義』(同文館)、一九〇五年に『催眠心理学概論』(成美堂)を出版した。これらも柳田の章で見たのと同じく、教科書として書かれたものであった。一九〇六年の夏に大学院を修了して講師嘱託となり、八月八日には、一九〇四年に執筆した「催眠術ノ心理学的研究」を主論文として文学博士の学位を授与された。一九〇八年九月に東大の助教授に任命され、小石川に邸宅を構えている。

福来の博士論文は主として催眠を扱っており、そのなかに超心理的な現象を見いだしたのを出発点として、透視、予知、念写、念動へと関心が広がっていった。現在の我々からすると怪しげなテーマばかりだが、当時は本物か偽物か区別がついておらず、若手研究者としては、大きな発見につながるのではないかとの期待があったのだろう。福来の研究を、はなっから正統な学問から外れたものとして位置づけるのは、あまりにも単純に過ぎる。なによりもこうした現象は、お手本となるべき欧米で真剣に研究されていた。

福来は、当初は透視を中心に実験と研究を進めた。一九〇九年ごろに、熊本の御船千鶴子《みふねちづこ》（一八八六～一九一一年）が「千里眼」として有名になり、茶壺に入れた名刺を読むなどの透視を成功させた。実地に検分した福来が本物だと確信して報告したところ、新聞や雑誌で「透視」の語とともに広まり、一大社会現象となった。つづいて長尾郁子（一八七一～一九一一年）という別の女性超能力者があらわれ、一九一〇年一一月二一日、「高」の一字を撮影した未現像の乾板を透視した。

正直、透視も念写もおもしろそうではあるものの、いったいどれだけの有用性があるのだろうかと疑問に感じなくもない。茶壺のなかの名刺を読めたからといって、だからなんなんだ、と。しかし、こうした実験はあくまでも出発点であり、透視を研究していく先に、人間心理の未知の能力があきらかになる可能性を福来は期待していたのだろう。

念写

一連の実験のなかで福来は、透視した乾板がかすかに感光しているのを発見した。これを超能力による感光と考え、心のなかでイメージしたものを写しだす「念写」の実験が始まる。一九一〇年一二月二六日に「心」という漢字が写しだされ、さらに黒丸や十字形の念写にも成功した。念写は日本発の超能力として、このあと世界中でブームを巻き起こしていく。

おもしろいのは、誰かが成功すると、たちまち同じ「技」を発揮するひとたちがあらわれることだ。森竹鉄子、高橋貞子、武内天真、渡部偉哉《ひでや》、三田光一らが続々と名乗りをあげ、福来の実験に協力しはじめた。こうしたひとびとは、力を隠し、ひそかに市井にまぎれて暮らしていたとでもいうのだろうか。一九世紀半ばの欧米で、霊媒が陸続とあらわれたのとまったく同じであるが……。さらには、三枚重ねの乾板に別々の像を念写したり、ひとつの像を複数枚の乾板に写し、重ね合わせると全体像がわかる分割念写と呼ばれる技術にまで発展していく。オカルトは、つねにインフレを起こすものなのだ。

しかし、福来の実験には早い段階から疑いがもたれていた。一九一〇年九月一五日、東大の元総長である山川健次郎が実験に立ち会った際、対象となる文章が途中ですりかえられたのではないかという疑惑が出る。そして真贋《しんがん》を問う論争が激しくおこなわれるなか、一九一一年一月一八日に御船が服毒自殺してしまう。これによって透視はますます新聞を賑わせ、全国的な騒ぎとなった。

長尾郁子についても、やはり強い非難が寄せられたあと、一九一一年二月二六日に急性肺炎で亡くなり、ふたたびスキャンダルを引き起こす。こうした経緯が、日本で心霊研究をうさんくさく捉えさせる原因になったともいわれる。

福来はその後も研究をつづけ、一九一三年八月に『透視と念写』（東京宝文館）を出版したものの、東大の教官としてふさわしくないとして、一〇月二七日に分限休職を命じられた。二年間の休職を意味するものだが、その期間を終えると自動的に辞職する仕組みになっていたという。休職の理由としては、東大という場にそぐわない、迷信を喚起するものである、などと伝えられている。師の元良から、大学を離れた場で研究をつづけた方がいいだろうと伝えられたともいう。

福来の休職は翌二八日の新聞各紙でいっせいに報道された。『東京朝日新聞』では「福来博士千里眼に祟らる／大学教授助教授罷免の火の手熾《さかん》なり」、『万《よろず》朝報』では「何故の休職／福来博士愈《いよい》よ野の人となる」の見出しが躍った。学部時代に福来を教えた哲学者の井上哲次郎も、『万朝報』で休職について気の毒だとしたうえで、「されど博士が野《や》に下りて自由に自己の欲するところを研究し得るとせば、あるいは同博士のために、また社会のために利益あるべし」と語っている。

ひとりの助教授の下野が、これほどまでに社会的な関心を集めたのである。

最終的に批判を浴び、科学的な信頼性を否定されたものの、福来の研究が当初は大学で問題視されていなかった点は重要だろう。福来自身も周囲も、真っ当で科学的な研究だと考えていたのである。それどころか、将来有望と期待されていた節もある。元総長の山川すら、関心をもって接近したほどだった。

欧米の心霊科学

心霊科学はもともと欧米で発達した学問である。一九世紀のイギリスには研究者でありながら、心霊科学に真剣にとりくんだひとたちがいた。その代表的団体が、心霊現象研究協会であった。一八八二年にケンブリッジ大学のフレデリック・マイヤーズやヘンリー・シジウィックらによって設立された学会で、テレパシー、催眠術、霊媒、幽霊、降霊術といった現象の科学的な解明をめざした。心霊現象にあくまでも実証的なアプローチを試み、偽物をひとつずつ排除していけば、やがて本物の心霊現象にたどりつけると考えていたのである。死者の霊を呼び出す降霊会や霊媒に対しては批判的で、その奇術的なトリックを暴いて有名になった。当時の最新技術であった写真を調査に用い、霊媒によるすりかえの瞬間を撮影したこともある。写真が超能力者による念写に使われるとともに、それを暴く側にも利用されたのは興味深い。ただし、あくまでも協会の目的は「本物」の心霊現象に迫ることにあり、何もかも偽物だと証明してしまうことは、本意ではなかった。

心霊現象研究協会には各界の著名人が参加し、コナン・ドイルや進化論のアルフレッド・ラッセル・ウォーレスのほか、第二代会長は元首相のアーサー・バルフォアが務めたほどであった。社会的に大きな影響力と信用をもった団体だったのである。

第四代会長を務めたのはウィリアム・クルックス（一八三二〜一九一九年）。真空放電管のクルックス管で知られる物理学者である。クルックスと熊楠とは、超能力を通じた関わりがあった。熊楠は一八九八年九月にブリストルで開かれた科学振興協会の年次大会で報告を予定していた。体調不良もあって出席はとりやめ、代読となったが、そのときの科学振興協会の会長もクルックスだったのである。熊楠は土宜法龍に宛てた書簡（一九〇二年三月二六日付）で、

> 四年計《ばか》り前に英国科学奨励会にて予「日本斎忌考」を読り。此《この》ときの会長テレパシー（神通、乃《すなわ》ち人の思ふことをそのまま知る法、又他に伝る法）は今後望みあり、尤《もっと》も験究すべしといひ居たり

と述べている。英国科学奨励会とは科学振興協会のこと、「日本斎忌考」は現在では「日本のタブー・システム」として知られるものだ。

クルックスも典型的なアマチュア科学者であった。裕福な不動産投資家の息子として生まれ、ロンドンの王立化学学校を出たあとは就職などせず、化学雑誌を手がけ、また広大な屋敷に私設実験室を構えて研究に没頭したのである。タリウムの発見、甜菜《てんさい》からの砂糖精製の研究、フェノールの防腐作用の発見など科学的な業績をいくつもなしとげた。一八九七年にナイトの称号を受け、一九一三年にはロイヤル・ソサエティの会長に選ばれている。クルックスは心霊現象研究協会の設立から参加していたものの、本来の専門は光学や化学であり、心霊科学については二重の意味でのアマチュアであったといえよう。

クルックスのような高名な科学者が心霊研究にとりくんでいたのは、現代のわたしたちからすると驚きだが、それだけ心霊現象が一九世紀後半のイギリス人にとって切実な問題だったのであり、また宗教と科学のあいだの垣根が低かった証拠ともいえる。地質学や進化論が発達するにつれ、従来のキリスト教的世界観は大きく揺らいだ。とくに死後の不安の問題は大きかった。キリスト教では、人間が死んだあとも霊魂が残り、最後の審判を経て復活すると考えられてきた。しかし、キリスト教が権威を低下させるなかで、ひとびとはみずからの魂の行方に不安を感じはじめていたのである。そのため、西洋では心霊現象は真剣で喫緊の課題として存在した。日本で、たとえばこっくりさんが興味本位かつ娯楽目的でおこなわれたのとは、大きく様相を異にするのである（降霊会に社交の意味があった点などは、拙著『熊楠と幽霊』で扱った）。

福来にせよクルックスにせよ、盲信していたわけではない。あくまでも科学的な現象として検証しようとしていた。X線や放射線の研究が進んでいた当時、まったく予想もできないような「目に見えない何か」が見つかる可能性は充分にあったのである。しかし、それはひとつの賭けでもあった。数学や法学のように、確固たる基盤を備え、伝統をもった学問領域とは違って、新領域というものは、たまに大あたりすることもあるが、大失敗に終わる場合も少なくない。

東大を離れたのちの福来と『変態心理』

東大を離れた福来は、東京で暮らしつつ、執筆活動に励んだ。一九一四年に『心理学審義』（東京宝文館）、一九一五年八月に同じく東京宝文館から『透視と念写』が再刊される。各紙に広告が出るなど、ひとびとの関心を集め、よく売れたようだ。

『透視と念写』の序文では、「物質的法則を超絶して、茲《ここ》に全く新なる空前の真理を顕示する」、そして緒言で「雲霞の如く簇《むらが》る天下の反対学者を前に据ゑ置いて、余は次の如く断言する。透視は事実である。念写も亦《また》事実である」と言い切っている。透視や念写の原理は「物質的法則を超絶」すると書かれ、従来の科学を超えることが宣言されている。ただし、それがどのようなものなのかは明確にされないままであった。福来は物理法則とは異なる力として「霊力」を想定しており、物理的な現象は霊力の一部でしかないと考えていたらしい。

7−2　中村古峡　（朝日新聞社）

一九一六年には『心霊の現象』（弘学館書店）が出る。そして一九一七年に『変態心理』（一巻三号）という雑誌に、念写と透視についての実験結果をまとめた「観念は生物也（一）」という論文を発表した。以後も続編が掲載されたほか、一九一九年の三巻五号には「一小学教師の念写実験」なる論文も出ている。

『変態心理』は文学者であり、精神医学者でもあった中村古峡《こきょう》（一八八一〜一九五二年、図7−2）が一九一七年に創刊した雑誌だった。中村は東大文学部で心理学を学ぶ一方で、夏目漱石に弟子入りして小説を執筆し、一九一二年に『朝日新聞』に連載された『殻』が代表作として知られる。この作品には、著者自身を思わせる主人公が、親しい医師に弟の精神病のことを相談する場面がある。

　そののち中村は、実際に弟が精神病を発症したことから精神医学を志し、一九二二年に四一歳で東京医学専門学校（現在の東京医科大学）に入学した。一九二九年には千葉で精神科の病院を設立し、研究と治療にあたった。著作も多く、『少年不良化の経路と教育』（日本精神医学会、一九二二年）、『変態心理と犯罪』（武俠社、一九三〇年）などのほか、フロイトやユングの翻訳も残している。

　変態心理学とは、現在でいうところの異常心理学にあたるもので、正常な心理である本態ないし常態に対して、「変態」とされた。探偵小説が、かつて本格と変格に分けられたようなものだ。いまの「変態」とは、いささか意味が違う。すなわち福来は、変態心理学研究者と位置づけられ、念写などの超能力も、通常とは異なる心理によって発揮されるものと考えていたのである。

『変態心理』を通して、福来と熊楠はうっすらとしたつながりをもった。中村から熊楠は代表作の「十二支考」の単行本化を打診されており、そちらは実現しなかったものの、『変態心理』に「屍愛について」（一五巻六号、一九二五年六月）、「女性における猥褻《わいせつ》の文身《いれずみ》」（同）、「徳川家と外国医者」（同）、「人柱の話」（一六巻三号、一九二五年九月）、「明智左馬介の死期」（同）を寄せている。

高野山大学への再就職

福来は旺盛な執筆活動をつづけるなかで、一九一七年に生命学会という会を設立した。宗教、心霊科学、生物学、倫理学、人類学などの総合的な研究により、生命の意義を説き明かすことを目的とした会である。

研究会はひとりではできない。同じような関心をもち、福来と協力して研究にとりくむひとたちがいたのである。たとえば、一九一七年二月に知人を介して知り合った三田光一が挙げられる。三田は一八八五年に宮城県の気仙沼に生まれた人物で、精神修養団「洗心会」(のち帝国自覚会)を結成するなど、透視能力者として有名であった。三田は公開実験と称して念写などをおこなったものの、実際には入場料をとっての興業であったともいう。なお、念写を始めたのも、長尾郁子が有名になったのちのことである。

また福来は一九一九年に高野山の奥之院にこもり、自分自身で念写や透視を試み、腫れものや腰痛を癒やす力を身に付けたと述べている。ただし、下山してしばらくすると、その力は失われてしまったという。

いかにも怪しげな人間が福来に近づき、福来自身も怪しい研究に手を出している。しかし、本書では「怪しい」人物や行為だからといって、排除し、否定するスタンスはとらない。わたしは研究や勉強や独学がつねに正しくて清廉潔白なものであるべきだとは思わないし、さまざまな目的や欲望をもったひとたちが集まるからこそ、学問は発展していくのだと考えている。そもそも学問に正しさばかり求めていたら、熊楠研究などできない。何にせよ福来は、東大を辞めたことで、その人間関係も研究もどんどん広がっていったのであった。

しかも、こうした怪しさは再就職の妨げとはならなかった。東大を休職してから八年目にして、福来は学校の仕事に復帰する。一九二一年に大阪郊外の三本木（現在の池田市）に宣《せん》真《しん》高等女学校（現在の宣真高等学校）が設立されたとき、その校長を任されたのであった。熊楠とも親しかった高野山管長の土宜法龍によって、「真理を宣揚する」と名付けられた真言宗の学校である。福来はここで五年を過ごしたものの、理事会による排斥運動が起こり、一九二六年三月に辞職を余儀なくされた。

ところが、直後の七月に高野山大学教授に迎えられ、心理学を講じることになる。高野山大学は空海が真言宗内に設けた学習機関を起源とし、近代的な学校としては一八八六年に古義真言宗大学林という名で、高野山の興山寺跡に開学した。高野山大学と名乗るのは、一九一六年のことである。大学令によって正式に大学に昇格したのは一九二五年で、福来はその直後に着任している。大学としての組織を整備し、専任教員を増やしていくなかで、系列校にいた福来が呼ばれたのだろう。職を失ったばかりの福来の救済の意味もあったのかもしれない。

熊楠はイギリスから帰国したのちの一九〇二年に、法龍から高等中学林（私立古義真言宗連合高等中学、現在の種智院大学）に教授として招聘《しょうへい》の打診を受けた。法龍が設立委員長となって計画を進めていた学校であった。ところが、「御招聘の指令書は正に受領。然る処小生少々一身上の都合有之《これあり》、只今と申しては御受けは全然とは致し難く候」と断ってしまう。熊楠としては、「三顧の礼」ではないが、法龍から重ねての要請があると思っており、いわばもったいぶって辞退したらしい。しかし、期待とは裏腹に法龍はあっさりと引っこめてしまい、熊楠が大学で教えることはなかった。ともかく、福来と熊楠はここでもニアミス（というには、ちょっと遠いかもしれないが）していたのである。

高野山大学での福来は自由に研究に打ちこめた。東大という「官」からすれば、私立大学は「民」であり、両者には大きな差があったかもしれない。それでも福来は大学教授の身分に返り咲き、世間的な立場も確保したのであった。一九二三年に四国を遍路するなど、しばらく前から仏教への傾倒を強めていた福来は、高野山大学で仏教研究を深めていき、一九三二年の『心霊と神秘世界』では、真言密教についての考察を開陳している。結局、高野山大学には一九四〇年、七一歳になるまで勤めた。

福来にもやはり、牧野や熊楠と同じような「迫害」言説があり、たとえば『観念は生物なり』（日本心霊学会、一九二五年）の序文で、「私が初めて、透視と念写の研究結果を発表した時、頑迷なる物質学者は、自ら研究することなくして之を嘲笑し否定したものである」、さらに「二三の物質学者は研究の名に託して、能力者を陥れんとするやうな策略的方法を行ひ、それを能力者に観破せられて大失態を来たし」、「愚昧なる言説を弄して、心霊研究にけちを附けんとした」と述べている。心霊研究に関心をもつ民間のひとびとは、この文章を読んで福来に同情し、官学の研究者たちに怒りを覚えたことだろう。

福来のまわりに集まったひとびとには、支援者／パトロンも少なくなかった。一九二八年には牧野元次郎（不動貯金銀行の頭取。現在のりそな銀行の前身）の援助を得て、大阪で財団法人大日本心霊研究所を設立している。牧野は「ニコニコ主義」ないし「ニコニコ宗」で知られた人物であった。一九〇五年の元旦に伊勢神宮に参拝した際、福々しい大黒像を買い求めたのが始まりで、ニコニコすることですべてがうまくいくという教義をもち、自分のところの銀行員たちにも徹底させたという。一九一一年二月創刊の雑誌『ニコニコ』に福来は編集顧問として招かれ、しばしば誌面に登場している。大日本心霊研究所は一九四三年に敬神崇祖協会と改名し、戦後の一九四六年には財団法人むすび協会となった。

福来の国際的活躍

福来の活躍は国内に留まらなかった。一九二八年にロンドンで開催された国際スピリチュアリスト連盟（一九二三年にベルギーのリエージュで結成された団体）の第三回大会に出席して、透視と念写に関する実験結果を発表している。大会は九月七日から一三日にかけて、ロンドンのクイーンズ・ゲート・ホールでおこなわれた。しばらくロンドンに滞在した福来は、ウィリアム・ホープという著名な超能力者を訪ね、心霊写真の実験もしている。このとき撮られた写真として、福来の頭上に謎の人物とフランス語の文章が写ったものが残っているという。

同大会には宗教学者の浅野和三郎も出席しており、福来とは別にホープに心霊写真を写してもらっている。浅野は東大英文科を卒業後、横須賀にある海軍機関学校の英語教官を務めていたが、息子の熱病を修験道の行者が治したことから心霊研究にめざめ、一九一六年に退官して民間で研究をつづけていた。

心霊写真は、一八六一年にアメリカの彫刻家のウィリアム・マムラーによって「発見」された。マムラーが自身を撮った写真に、亡くなったはずの従兄が写っていたのである。ここからブームとなり、やはり各地で心霊写真の撮影に成功するひとたちがあらわれ、心霊現象に欠かせない「技」となっていった。

このほか福来はロンドンで『透視と念写』の英語版の執筆と出版交渉を進め、一九三一年にライダー社から出版されている。

一九四〇年に高野山大学を退職して実験三昧の日々を送るようになった福来は、一九四五年三月、戦災を避けて大阪から仙台へ引っ越した。学生時代に暮らした町である。仙台では詩人で第二高等学校の英文学教授でもあった土井晩翠《ばんすい》らと親しく交わったほか、東北帝大の学生たちが福来のもとへ集まるようになり、そうしたなかから一九四六年に東北心霊科学研究会が結成される。超能力者たちを集めて実験をくりかえす会だったという。福来は顧問としてくわわり、土井のほか、細菌学者の志賀潔も同じく顧問となった。大学関係者や知識人たちが、第二次世界大戦後という時期になっても、真剣に心霊研究に向き合っていたのである。

福来が公職追放になったエピソードが知られている。一九四八年三月にGHQが発表した該当者リストに名前があったのである。実際には福来が戦争協力をした事実はなく、敬神崇祖協会の活動にくわえて、『国体明徴』（神宮礼拝協会、一九三五年）、『日本精神の核心』（産霊協会、一九三八年）といったパンフレットを手がけていたのが問題になったといわれる。東大という「公職」を追放されていた福来が、またしてもこのような憂き目に遭ったのは、皮肉な話である。

その後も一九五二年にアメリカの超心理学の雑誌である『サイキック・オブザーバー』（三二五号）に三田光一に関する論文を発表するなど旺盛な活動をつづけたが、掲載号が手元に届く直前の三月一三日、風邪がもとで体調を崩して死去した。前夜には、仕事を残したまま死ぬのが無念であると叫んだと伝えられ、福来が心霊研究を真剣にとりくむべき仕事だと意識していたことがうかがわれる。墓所は、仙台の北山称念寺に設けられた。

霊魂の実在を信じる心霊科学を専門としたからではないだろうが、福来の影響力は死後も衰えず、人物としての顕彰と、研究の継続発展をめざすひとたちが出る。一九五六年に高山出身の山本健造らによって福来霊学顕彰会が結成され、九月に城山公園の一角に福来博士記念館がオープンした。山本は一九八二年には、高山近郊の国府町に財団法人飛驒《ひだ》福来心理学研究所を設立している。仙台にも一九六〇年に福来心理学研究所ができ、一九八三年に財団法人福来心理学研究所となった。福来の死後も、その研究は着実に受け継がれていったのである。

熊楠の「千里眼」

残念ながら、熊楠と福来は顔を合わせたことがない。年齢は二歳差で、ともに東大に学んだものの、在学期間は重なっておらず、福来が和歌山の高野山大学に移ったあとも交流は生まれなかった。熊楠の蔵書に福来の著作はなく、来簡も見あたらない。

では、まったく無関係だったのかというと、そうとも言いきれない。以前に拙著『熊楠と幽霊』でとりあげたことがあるが、熊楠もオカルト的なものや変態心理といったテーマに強い関心を抱いていた。ただし、その態度は一定せず、心霊科学や超能力に肯定的な立場をとることもあれば、否定することもあった。ロンドン時代には「オッカルチズムごとき腐ったもの」と罵倒したが、帰国後は前述の心霊現象研究協会のマイヤーズに入れこんだ。全体としては、霊魂の実在は信じたいと思いつつ、霊媒や超能力といった「うさんくさいもの」には強い拒否感があったようである。

そのものずばり、「千里眼」（『和歌山新報』一九一一年六月一〇〜一八日に連載）とタイトルが付いた文章がある。右で見てきたように、まさに福来や御船の透視が大きく世間で注目されていた年に執筆されたものであった。安田忠典《ただのり》が指摘しているとおり、「千里眼」は文筆家として売り出し中だった熊楠が、時流に乗った論題を選んだ可能性が高い。

熊楠は「千里眼」で、

このごろ流行の千里眼ごときも、むつかしき試験はさておき、予が神通大乗気なりし時、やって見て百発百不中なりし例に資《と》り、印を付けたる耳掻《みみかき》または楊枝などを、手近く積みたる百冊ばかりの書籍の紙間に挟《はさ》み置き、その冊を言い中《あ》てしめては如何。世に数学ほど確かな物なきに、それすら自分置いて見ぬ算盤は信じ難きものなり。いわんや千里眼、神通、幽霊等、自分の実験を真面目に述べんとするにさえ、ややもすれば言詞不足のため、虚謬を伝え易き事相においてをや。このことばかりは、いかなる大家の保証あるも猝《にわ》かに信ずべきにあらず。

と述べている。まったく千里眼を信じておらず、「百発百不中」という表現がおもしろい。ほとんど同時期に執筆された「双子とテレパシー」（『N&Q』一九一一年八月一九日号）についても紹介しておこう。なお、英文の原題にはセカンド・サイトとあり、本来なら「透視」や「千里眼」を意味するが、『南方熊楠英文論考［ノーツ アンド クエリーズ］誌篇』として翻訳する際に、内容からテレパシーと訳すのがふさわしいと判断した。この論考も熊楠が先行する議論に回答したものであった。発端は自身も双子だという人物からの投稿で、双子はほかの双子を見分けられるとする説を紹介し、双子のもつ特別な能力について質問した。これに対して熊楠は、イギリスでの事例にふれたのち、

［……］こうした緊密な相似性が双子にあるかどうかの真偽は別として、日本、少なく

とも当地［和歌山］では、親は気をつかって、双子にまったく同じものを食べさせたり、同じ衣服を着させたりする。靴の紐の色がわずかに違っても、劣ったほうの子にとって不利、あるいは致命的とすら信じられているのである。

と、自身の住む和歌山での俗信を紹介している。「真偽は別として」とあるとおり、テレパシーも信じていない。熊楠は在野だったこともあり、なんら気にすることなく超能力について研究し、自由に書くことができたものの、福来と熊楠とでは、超能力に関する態度が正反対だったのである。福来が東大を追われて以降、官学で超能力は否定されるものとなった。ところが在野、アマチュアは肯定派ばかりかといえば、そうでもなく、否定派もいるのが心霊科学やオカルトのおもしろいところである。

柳田の章で、フォークロア／民俗学がまだ大学の学問になっていなかった点を指摘したが、心霊科学／超能力研究も同様であった。あくまでも、アマチュアの学問（ないし専門家が大学にいない）だったのである。熊楠はイギリスで心霊科学や降霊術の流行を目の当たりにし、さまざまな出版物に目を通し、話を聞いた経験をもっていた。その結果として、心霊科学の信頼できる部分と信用ならない箇所をきちんと押さえていたのである。それに対して福来には留学経験がなかった。欧米の実状も実見しておらず、文献を鵜呑《うの》みにしてしまった可能性がある。もしかしたら熊楠と福来を分けたのは、欧米での実体験の有無だったのかもしれない。

福来と熊楠の共演

現実では交わらなかった二人だが、フィクションの世界では熊楠と福来はしばしば共演してきた。江戸川乱歩の「悪霊」は、博文館の『新青年』に連載された作品だが、一九三三年一一月号から翌年一月号までの三回のみで途絶した。心霊学会が開いた降霊会にあらわれた死者の霊が、参加者から死人が出ることを予言し、そのとおりに殺人が起こるという筋立てである。主催者の「黒川博士」は、「実験心理学」が専門の「官学の教授」とされており、福来をモデルとしているのはまちがいないだろう。そして登場人物のなかに、「熊浦氏」という熊楠らしきキャラクターがいるのである。ほかに、妖怪博士として知られた井上円了をモデルにしたとおぼしき人物も出てくる。なぜ乱歩が「悪霊」を完成させなかったのかは不明だが、熊楠研究に携わる人間からすると、たいへん残念である。

乱歩は心霊科学に強い関心をもっていたようで、一九四七年一一月一八日には桑名の都筑高光という心霊研究家を訪問している。一九四八年一一月に日本探偵作家クラブで開かれた心霊術の実験にも参加した。もとより降霊会や心霊科学といった要素は探偵小説と相性がよく、イギリスでも日本でも、これらをテーマとした作品は枚挙にいとまがない。

ほかにも乱歩は『緑衣の鬼』でも、熊楠をモデルとした夏目菊太郎という人物を登場させており、こちらについては千本英史《ちもとひでし》らが詳しく分析している。イーデン・フィルポッツの『赤毛のレドメイン家』（一九二二年）の翻案で、一九三六年一月から『講談倶楽部』に連載された。夏目はヒロインの伯父にあたり、「紀伊半島の南端、Kという田舎町に隠棲して、粘菌類の研究に没頭している民間の老学者であった。彼の生涯に発見した菌類の新種は一つや二つではなく、その名は世界の学界にも聞こえているほどの篤学者であった」と書かれている。作中には柳田や折口という人物も登場し、柳田国男と折口信夫だろう。夏目というのも、東大予備門時代に熊楠と同級生だった夏目漱石からとったのかもしれない。熊楠と乱歩は直接の面識はなかったものの、乱歩の挿絵画家を務めた岩田準一は、熊楠と男色関連の議論を重ねたことで知られており、二人は意外に近い場所にいたのである。

さらに近年になって、福来と熊楠がともに大活躍する小説が出版された。SF作家の柴田勝家による『ヒト夜の永い夢』（二〇一九年）だ。同書については巽孝之《たつみたかゆき》が詳しく論じているが、柴田は成城大学で柳田の常民文化を学んだ経験をもち、二〇一四年に第二回ハヤカワSFコンテスト大賞を受賞した『ニルヤの島』も文化人類学の知識を下敷きにした内容であった。

『ヒト夜の永い夢』は、昭和天皇の即位から間もない一九二七年にスタートする。田辺で暮らす熊楠のもとへ、「歳もさして変わらない」「禿頭に眼鏡の篤実そうな中年男性」が訪ねてくる。熊楠の妻の松枝には、「高野山の偉い坊さん」だと告げる。男は御船千鶴子の透視実験について話しはじめ、熊楠も超心理学、霊能力、降霊会だのはひととおり「学びました」と対応する。そして「私がその学会を追放された学者です」「福来友吉と申します。今は高野山大学の教授です」と名乗るのである。三年前に亡くなった土宜法龍から熊楠のことを聞いており、訪問に至ったというのであった。

そして、「学問には、つまり本流と支流があります。私や先生はその支流です。けれども、支流なくして本流なしです。せ、世間には我らと同じように、本道からは外れながらも己の好奇心に従い、独自の研究を行う学徒がおる、おるのです！」と叫び、自分たちの結成する「昭和考幽学会」の仲間になってくれないかともちかける。誘いに乗った熊楠が高野山での会合に出席したところ、現在のＡＩのようなものを備えた「天皇機関」をつくろうという話が出て、粘菌を増殖させれば、人間の脳のようなものができるのではないかと思いつく、という物語である。民俗学とサイバーパンクが混交したような異色の小説で、読者に強烈な印象を残す。

同時代に生きた怪しげな人物として、熊楠と福来はフィクションに登場させやすいのだろう。

妖怪研究

怪しげなものが大学で受け入れられない例としては、妖怪も挙げられるかもしれない。何年か前に民俗学の学会に行ったところ、某大学の学生が指導教員から妖怪をテーマにするのを禁じられた、とぼやいているのを耳にしたことがある。妖怪はうさんくさい存在であり、サブカルチャーとも結びつきやすい。民俗学は、いまでこそ大学で（も）研究される学問となっているが、境界的であり、どこか真っ当になりきれない雰囲気を残している。そのため、みずからの正当性を守る必要があり、怪しげに思われかねない妖怪は忌避されなければならないのだ（※一部の大学での話である）。

日本の妖怪研究の始祖といえば、井上円了（一八五八～一九一九年）が有名だろう。お化け博士、妖怪博士などと呼ばれ、全国各地で妖怪を演題とする講演会を開いたことでも知られる。円了は東大出身だが、東大で教えることはなかった。円了が妖怪研究にいそしめたのは、東大ではなく、みずからが設立した哲学館（現在の東洋大学）だったからだと考えてはおかしいだろうか。円了の設立した哲学館は、一八八七年九月一六日、東大のすぐ近くの麟祥院《りんしょういん》という寺の一室を教室として始まった。円了は、哲学館の初代館主、その後身にあたる哲学館大学の初代学長を務め、一九〇六年の退任とともに東洋大学と改称した。

円了はもともと東大時代に心理学を学ぶなかで妖怪に関心を抱いたという。日本の妖怪のうち、一〇のうち八、九までは心の問題だと気付き、それらを偽怪（人為的妖怪）、誤怪（偶然的妖怪）、仮怪（自然的妖怪）、真怪（超理的妖怪）に分類する。偽怪（人為的妖怪）と誤怪（偶然的妖怪）は虚怪とされ、本当の妖怪ではなく、ひとがつくりだしたり、偶然によって妖怪のように見えたりしたものである。これに対して仮怪（自然的妖怪）と真怪（超理的妖怪）が実怪で、仮怪（自然的妖怪）は自然に起こり、さらに物に現象する物怪（物理的妖怪）と心にあらわれる心怪（人為的妖怪）に分けられる。そして最後の真怪こそが、真の妖怪だとされる。

偽物をえりわけていって、本物を探そうとした点は、イギリスの心霊現象研究協会に近い立場といえる。井上は妖怪を解き明かす方法論として、哲学、心理学、理学、医学などを用いており、分野横断的なのも「民」の特徴である。

大学を追われた学者たち

大学をはじめとする「官」にあたる立場を追放されたり、辞職に追いこまれたりした学者は、実は少なくない。政治的な理由もあるし、不祥事の場合もある。ただ、その多くはのちに復帰したり、別の大学・機関に迎えられたりしている。

牧野と対立した東大理学部教授の矢田部良吉は、一八九一年三月に非職処分を受け、三年間の停職ののち、一八九四年三月に満期となって免官された。原因は帝国大学理科大学長・菊池大麓との権力争いや派手な私生活ともいわれるが、詳細は不明である。しかし、一八九五年四月に東京高等師範学校教授となり、一八九八年六月には校長に就任している。

東大講師であり、文部省の編纂官も務めていた喜田貞吉《きたさだきち》は、一九一一年に南北朝正閏《せいじゅん》問題によって休職処分となった。国定教科書の編纂に従事するなかで、小学校の歴史教科書に北朝と南朝を併記したのが問題とされたのであった。当時は南朝が正統と考えられており、併記は皇室への侮辱と捉えられた。三月五日の『東京朝日新聞』では、喜田、三上参次、福来の三人を並べて、研究者の地位が危うい状況に警告を発している。ところが、喜田は一九一三年に京都帝大の講師として迎えられ、あっさり研究職に復帰した。歴史学者の三上参次の名が出ているのは、同じく南北朝問題に巻きこまれたためであった。

京大の滝川事件も有名だろう。一九三二年一〇月二八日に中央大学でおこなった講演が無政府主義的であるとして問題になり、滝川幸辰《ゆきとき》教授が休職に追いこまれたもので、関連して多数の同僚たちも辞職した。しかし、滝川は立命館大学で教えつづけることができたし、戦後は京大に復職して総長まで務めた。

新村出の息子の新村猛《たけし》は、同志社大学予科教授だった一九三七年一一月に治安維持法違反で検挙されて獄中生活を送り、大学での身分も失った。しかし、父に代わって『辞苑』の改訂版編纂の中心となり、戦後に『広辞苑』を完成させ、名古屋大学の教授に就任している。

病理学者・人類学者の清野謙次は、一九三八年に京都帝国大学医学部を免職になった。調査した社寺からもちだした資料を返却しなかったのが問題となったのであった。その後は太平洋協会の嘱託として、軍部に協力する。発掘された骨の調査をもとに日本人起源論にとりくみ、戦後は厚生科学研究所長や東京医科大学教授を歴任した。

滝川事件のように、現在からすると復職が当然だろうというケースもあるが、清野のようにちょっと言い訳できないような事件を起こしながらも返り咲いた例も見られる。戦後になって体制が変わったのはもちろんあるだろうが、滝川が立命館に迎えられたように、私立大学がある種の避難所として機能していた点は無視できない。

平瀬作五郎の苦闘と業績

本章の最後に、第5章で少しだけ言及した平瀬作五郎（一八五六〜一九二五年、図7－3）についても見ておこう。平瀬は幕末の福井に生まれ、福井藩中学校を卒業したのち、母校の図画術教授助手となった。やがて油絵を学ぶために東京に出ると、岐阜県中学校などを経て、一八八八年に東京大学理科大学植物学教室の画工に採用された。この間に『図画指要』『小学用器画法』などの教科書も出版している。一八九〇年に技手、そして一八九三年に牧野と同時に助手となった。一八九四年からは東京植物学会の幹事も務めている。日本初の洋風美術団体である明治美術会の発足にも参加し、のち評議員に選出された。

平瀬は一八九三年七月にイチョウの研究を始め、苦労と工夫を重ねたすえ、一八九六年一月にイチョウの精子の発見に成功する。四月に東京植物学会例会で講演ののち、一〇月に『植物学雑誌』に「いてふノ精虫ニ就テ」として、イチョウの精子が胚珠のなかで泳ぐのを観察したと報告した。世界初の裸子植物の精子発見であった。イチョウ精子発見の論文はドイツやアメリカの植物学雑誌にも掲載され、世界的な評価を受けた。

7－3　平瀬作五郎（『平瀬作五郎先生小伝』1925年より。南方熊楠顕彰館、田辺市）

やや遅れてソテツの精子を発見した池野成一郎は東大植物学教室の助教授であり、平瀬にも協力した。一九一二年にはともに学士院恩賜賞を受けている。

裸子植物の生殖は、当時の植物学における大問題のひとつであった。シダ植物やコケ植物は水を介して生殖するため、精子をもつが、被子植物（および一部の裸子植物）では、雄の生殖細胞は運動性のない特殊化した精核（精細胞）となっている。そのため両者の中間に位置する裸子植物の研究は、植物の進化を考えるうえで重要な意味をもった。平瀬や池野の発見は、イチョウとソテツ類には鞭毛や繊毛を備え、運動性を有する精子があることをあきらかにした点に大きな意義があったのである。

ところが、「画工上がり」の成功は、周囲からの嫉妬と批判を集めてしまった。結局、一八九七年に帝国大学を辞職し、滋賀県尋常中学校に移る。同僚であった牧野も平瀬に冷たく、のちに東京帝国大学植物学教室の小室英夫から問い合わせがあったときも、「「犬も歩けば棒に当たる」式で偶然の拾ひものです。本職（画を描く）の仕事の余暇にGinkgo［イチョウのこと］を切つて居る内に奇妙なものが見へたので、これは何だと云ふことになつたが、平瀬君は植物学者でないから、それが何かと云ふことは分らない」。そして池野に見せたところ、詳細が判明したので「平瀬君のやつた仕事の功は大部分池野君に帰すべきもの」（小室英夫「池野成一郎教授ノcycas精虫発見由来記」『植物学雑誌』四八二号、一九二七年）と述べている。突き放したような言葉で、あきらかに自分の場合と区別している。なお、平瀬はこの二年前に死去していた。現在では、平瀬の業績は本人がきちんと研究したものだとわかっている。

平瀬は一九〇四年の朝鮮調査ののち、一九〇五年に京都の花園学林（現在の花園学園）へ移り、一九〇六年にはイチョウの研究を再開し、クロマツやマツバランの発生についても手がけた。一九一三年からは大阪府立高等医学校予科の講師を兼任している。福来同様、東大を追い出されたからといって、行き場がなく、研究がつづけられなかったわけではないのである。

平瀬は熊楠とマツバランに関する共同研究をおこなった。マツバランはシダ植物の一種で、茎だけで葉も根ももたない。茎のあちこちに胞子嚢《のう》をつくり、そこに胞子ができる。胞子が発芽した配偶体は葉緑素をもたず、菌類と共生することで成長する。配偶体の造卵器と造精器で形成された卵と精子が受精して胞子体となり、やがて地上に緑色をした（光合成のできる）茎が生えてくる。しかし、当時は胞子からの成長過程がわかっておらず、平瀬と熊楠はこの点を研究したのであった。

マツバランは別名をホウキランといい、熊楠は「帚蘭」とも記した。一九〇三年に熊楠が那智で採取したマツバランは、牧野に送られている。また、のちに熊楠が深く関わった神社合祀反対運動のなかでも、森の伐採によって失われてしまいかねない貴重な植物のひとつに挙げられた。平瀬との共同研究が報道されたことで、横浜の富豪の平沼大三郎から、江戸期に出た『松葉蘭譜』（一八三六年）が熊楠に贈られ、これをきっかけに平沼は熊楠に財政援助するようになったというエピソードもある。熊楠にとってマツバランは重要な植物であり、いまも田辺の熊楠旧邸では植木鉢などに生じているのを観察することができる。

熊楠と平瀬の関係は、一九〇七年の春ごろから始まり、八月一五日に平瀬が矢野平次郎にともなわれて熊楠邸を訪問している。その後は熊楠がシャジクモの標本を送るなどしていたが、翌年の春から夏ごろにマツバランの共同研究が決まり、まずは熊楠が京都の平瀬に胞子を送って発芽を試みるものの失敗してしまう。以後は暖かい田辺で熊楠が栽培することになった。一二月一〇日に平瀬を介して、京都の島津製作所からプレパラート用のガラス三五〇枚を購入して研究に着手し、一九〇九年五月に平瀬にマツバランの標本を送っている。熊楠が栽培、平瀬が顕微鏡による観察と手分けして研究を進めていったのである。

その後も大阪府立高等医学校の和歌山演習の際などに、平瀬は何度か田辺を訪れ、熊楠との協力関係がつづいた。「履歴書」によれば、熊楠がマツバランの発生に成功したのは一九二〇年初頭のことで、「鰹の煮汁を地に捨てて生ぜる微細の菌を万年青《おもと》の根に繁殖せしめ、それに松葉蘭の胞子をまけば発生するということをつきとめたり」という。しかし、その過程は地中で進むため、観察できなかった。新たな方法を考案しようとしていたところ、オーストラリアのダーネル・スミスとローソンの報告が『エディンバラ王立協会雑誌』（一九一七年、五二号）に出ていたことが判明する。先を越されてしまっていたのであった。

平瀬からの一九二二年二月一四日の書簡には、ローソンの研究であればまちがいないだろうから、「此上《このうえ》松葉蘭の研究を重ねた処が徒労に属し候」とあり、マツバランの研究は打ち切られることになった。ただ、平瀬は諦めたものの、熊楠は「小生はたとい濠州の二学者がそんな発見ありたりとも、小生が気づきし松葉蘭の胞子を発芽せしむる方法とは別箇の問題なれば［……］今に屈せず研究を続けおれり」と「履歴書」で述べている。実際、熊楠は原豊吉の協力を得て、その後も実験をつづけたが、研究成果がまとめられることはなかった。

一九二五年、平瀬は肝硬変のため京都市の自宅にて死去した。家庭の不幸もあり、失意のなかでの死であったとされるが、熊楠のもとには花園中学から出版された追悼文集『平瀬作五郎先生小伝』（一九二五年）が送られ、現在まで保存されている。

平瀬も福来も東大を追われはしたものの、私学で立場を得て、研究をつづけることができた。福来の場合には、彼を支える研究組織も結成され、超能力研究の世界では日本を代表する存在感をもちつづけた。海外での発表の機会も得ている。東大を追われたなどというと、悲劇的であり、人生が終わったかのように感じられる。ところが、研究などまったくできず、誰からも信用されなかったかというと、そうでもなかった。案外、好きな研究に気楽に打ちこめていたのである。

第8章　三田村鳶魚と江戸学——最後は孤独なアマチュア

殿様生物学と徳川頼倫

江戸から明治に変わったことで、「官」的な場所から民へと立場を移したひとたちがいる。かつての武家階級である。そのうちの大名家と、その子孫たちについては、「殿様生物学」の系譜としてよく知られている。江戸期には博物学的な趣味に没頭した大名と、それに準ずるような身分の武士たちがいた。薩摩藩主の島津重豪《しげひで》が南西諸島の植物をまとめさせた『質問本草』（一七八九年）や、古河藩主の土井利位《としつら》が雪の結晶を観察した『雪華図説』（一八三二年）については、耳にしたことがあるのではないか。

彼らが江戸期に「官」といえるような立場にあった点はまちがいないだろう。しかし、その研究成果が公開されることは稀《まれ》であった。あくまでも趣味の域に留まり、公表され、共有のものとなり、さかんに議論されるようなことはなかった。『質問本草』や『雪華図説』にしても、一般に広く知られるようになるのは、ずっと時間が経ってからである。生前は秘匿され、死後にようやく公開されたような「研究」も少なくない。これについて日本的な特性として批判するむきもあるが、わたしとしては社会の在り方が違ったにすぎないと考えてい

8－1　ご進講後の南方熊楠と松枝夫人（南方熊楠顕彰館、田辺市）

る。

明治期に入っても、出羽松山藩の付家老《つけがろう》だった松森胤保《たねやす》が『両羽博物図譜』（幕末～明治初期）を作成するなどしている。明治以降に生まれた人物としては、たとえば旧福岡藩主の家系の黒田長礼《ながみち》や旧徳島藩主の家系の蜂須賀正氏《まさうじ》が挙げられる。二人とも鳥類学で成果をあげ、とくに蜂須賀は絶滅鳥類のドードーの研究で世界的な業績を残した。明治維新によって藩を治めるという政治的な仕事がなくなり、なおかつ大名家には（一般の武士と違って）かなりの財産が保証されたから、自分の好きなことに打ちこめたのだ（というのはさすがに言いすぎかもしれないが……）。

彼らと同列に語れるかは微妙だが、天皇や皇族にも科学／学問に関心をもつものがおり、たとえば昭和天皇はヒドロゾア（クラゲなどの生物の一形態で、ポリプ状をしている）や変形菌（粘菌）で一線級の仕事をした。変形菌への関心から熊楠と親交があり、一九二九年の関西行幸の際には田辺を訪れている。熊楠が長年のフィールドとしていた神島《かしま》で生物採集ののち、お召艦の長門《ながと》にて生物学の講義（ご進講）がおこなわれ、このできごとは熊楠にとって大きな栄誉となった（図8－1）。

徳川頼倫（一八七二～一九二五年、図8－2）も熊楠にとって重要な人物であった。御三卿のひとつである田安家に生まれ、一八八〇年に勝海舟の斡旋《あっせん》で紀州徳川家一四代・茂承《もちつぐ》の養子となった人物である。翌年、和歌山へお国入りしたときには、熊楠も街頭でひとびとに交じって迎えたという。頼倫は一八九六年に外遊に出かけ、フランスを経て四月から一〇月までイギリスに滞在した。いったんイギリスを離れてヨーロッパ各国を歴訪したのち、翌一八九七年四月にヴィクトリア女王のダイヤモンド・ジュビリー（在位六〇周年）の式典出席のために戻り、この間に熊楠と交流をもった。イギリスの大学には在籍していない。

8－2　徳川頼倫

一八九七年五月一三日の熊楠の日記に、「夕館より帰途鎌田氏を訪、世子《せいし》方に行、鎌田氏を待合せ、九時過古物学会に行く。畢《おわり》てリード、ガウランド二氏と五人、学士会クラブに行、一飲の後リード氏とつれ歩して其宅近くゆき分る」とある。世子とあるのが頼倫のこと。鎌田栄吉は紀州出身で頼倫に随行した人物で、のちに慶應義塾の塾長を務めた。館は大英博物館のことで、リードは同館で熊楠が世話になった館員。そしてガウランドは、ウィリアム・ゴーランド（一八四二〜一九二二年）のことで、一八七二年にお雇い外国人として来日し、化学、冶金学を専門として大阪の造幣局を指導した。一方で「日本考古学の父」とも呼ばれ、関西を中心に九州や東北、朝鮮半島まで訪ね歩き、古墳の調査、測量、図化をおこなった。一八八八年にイギリスへ帰国後は、アンティカリ協会、人類学会、ロイヤル・ソサエティなどに所属し、ストーンヘンジの保全工事や年代測定に携わったことでも知られる。

熊楠が頼倫を案内した「古物学会」とは、第3章でもふれたアンティカリ協会である。一七〇七年創立で、一七五一年にロイヤルが付いた。熊楠が大英博物館で世話になったA・W・フランクスは一八九二〜九七年にアンティカリ協会会長、リードは一九〇八〜一四年、一九〜二四年と二度にわたって会長を務めた。アンティカリ協会は、現在の考古学の出発点のひとつとされ、考古協会と訳されることもある。

頼倫や熊楠の出席した五月一三日の例会では、テムズ川で発見されたというヴァイキングの剣や、ミドルセックスで見つかった煉瓦《れんが》製の容器、一五世紀のアラバスター製の彫刻、マンセッタの近くで発掘された古代ローマの焼きものなどについて報告があった。この日は日本関連の話題はなかったものの、直前の四月二九日と五月六日の例会でゴーランドが「日本の石室のある墳丘墓と古墳」として発表している。おそらくこのことが、頼倫らの関心をひいたのだろう。

熊楠が頼倫をアンティカリ協会へ案内したことは、橋爪博幸、武内善信ら熊楠研究者によって注目されてきた。のちに熊楠がとりくむ神社合祀反対運動で、神社を守るべき理由のひとつとして古代の遺跡を守る必要性が挙げられ、そのヒントとなったのが、このときの例会出席だったと考えられているのである。

頼倫にとっても、この体験は大きな意味をもった。考古学や遺跡保存に強い関心をもち、日本の文化財保全を率いていくきっかけとなったのである。帰国後の一九〇六年、養父の死去により、頼倫は紀州徳川家の宗主の座を受け継ぐ。同年、和歌山を訪ねた際に和歌山市郊外の岩橋千塚《いわせせんづか》という群集墳を調査し、以後も古墳調査、史蹟や老樹・古樹の保存に熱心にとりくんでいった。そして一九一〇年一二月に、麻布区飯倉の自邸に設けた南葵《なんき》文庫で史蹟史樹保存茶話会を開いたのがもととなって、一九一一年一二月に史蹟名勝天然紀念物保存協会が設立され、頼倫が総裁に就任する。これがやがて一九一九年に、国による史蹟名勝天然紀念物保存法の制定へ発展していった。現在の日本の史跡保護、自然保護の制度的出発点に、熊楠と頼倫のアンティカリ協会への出席があったのである。

熊楠は在野やアマチュアの代表のように目される。たしかに、明治政府や東大といった

「官」を毛嫌いし、ときに対立した。しかし、天皇家や旧紀州藩主といった旧体制には親近感をもち、崇敬の念を抱いていた。神社合祀反対運動のときには、頼倫に助けを求めたし、晩年に地元で名士扱いされるようになったのは、昭和天皇へのご進講があったからである。尊敬していただけではなく、彼らの権威を巧みに用いたともいえる。

さて、大名に連なるような高位のものたちが、維新後もある種の公的な立場にあり、その活動が特別視されていたのはまちがいない。しかし、そのあたりは従来からよく研究されていることもあり、ここからは少し違った立場の人物をとりあげたい。藩主や家老ではなく、ふつうの武士たちの子孫である。

江戸幕府や各藩の武士たちは、（薩摩や長州はまた別として）明治政府にとりこまれた場合も少なくなかったものの、多くは民間で活動することとなった。もともと江戸期には、旗本や御家人が知／文化の重要な担い手であった。昌平黌《しょうへいこう》をはじめとした幕府の教育機関や藩校は、武士として必要な素養を教えるとともに、文化的な横のつながりを形成する場でもあった。豊後《ぶんご》国の咸宜園《かんぎえん》や、大坂の適塾といった学校にも全国から若者（武士以外もふくまれることがあった）が集まり、勉学に励むとともに人間関係がつくられ、帰藩後もネットワークとして機能した。こうした情報網が幕末に黒船来航などのニュースを全国津々浦々まで知らしめたことは、宮地正人《みやちまさと》らの研究によってよく知られている。このネットワークには、武士たちだけでなく、豊かな町民・農民層も参加しており、彼らが一体となった文化空間が構成されていたのである。

武士たちは江戸期において、本書でいう官的な立場にあったが、明治以降は離れたところで活動するものが多く出た（その子孫も）。明治政府から外れた／対立する存在になったわけだが、さりとて完全に民と言い切れるかは微妙なところだろう。在野ではあっても、民にはなりきれない。自意識としてもそうであったろうし、そもそも「士族」と「平民」の区別は、一九四七年五月三日の日本国憲法施行までずっと残った。周囲からも区別された存在であったと見たほうがいい。

8－3　三田村鳶魚（朝日新聞社）

このあと本章で扱う三田村鳶魚《えんぎょ》（一八七〇～一九五二年、図8－3）は、まさにそのような存在であった。単なる町人の家系ではない点が、鳶魚と、その江戸研究には重要だったのである。

江戸学の祖

鳶魚は「江戸学の祖」とされる市井の研究家で、「最後の町学者」ともいわれた。もっぱら民間で活動し、大学で教えたことは一度もない。三村竹清《みむらちくせい》、林若樹《はやしわかき》とともに「江戸通の三大人」に数えられ、「大衆文壇の検非違使《けびいし》」と呼ばれたこともあった。検非違使とは九世紀初頭に設けられた朝廷の役職で、天皇の権威のもとで不法行為をとりしまった。鳶魚は時代小説の考証に甘い点を見つけると、手厳しく批判したことで知られる。島崎藤村『夜明け前』、吉川英治『宮本武蔵』、大佛次郎《おさらぎじろう》『赤穂浪士』などを槍玉にあげ、たとえば藤村が木曽福島の関所について、女性の通行を厳しく審査したのは悪漢による誘拐を防ぐ目的によると記した箇所に噛みついている。実際には、箱根の関所の「入鉄砲に出女」と同じく、大名の奥方や子どもたちを通さないための政策であった。ほかにも、吉川英治の『宮本武蔵』に武蔵がそばを食べていて箸で蠅を捕まえる有名なシーンがあるが、そばきり（現在の我々のイメージする麺状のそば）は当時まだなく、水で練って食べるそばがきが中心だったと指摘している。ただし、こうした態度は厳しすぎたとのちに反省したらしいが。

現在でも、江戸の文学や歴史や民俗について知りたいと思ったら、『三田村鳶魚全集』（全二七巻）にあたれ、とは『南方熊楠大事典』（二〇一二年）で「三田村鳶魚」の項目を担当した高橋圭一の言葉である。たとえば、「江戸っ子」という言葉がいつから使われるようになったかを実証的に調べたのも鳶魚で、一八世紀半ばにはまだ見られず、意外に新しい言葉なのだという。江戸の住人がみずからのアイデンティティを確立させたのは、わりあいと遅かったのであった。

鳶魚は、その家系をたどると江戸幕府の武士にいきつく。鳶魚自身は明治になって生まれたが、本人の意識は江戸／武士を引き継いでおり、江戸こそが本流、すなわち自分たちこそが本来は社会の中心を担うはずとの自覚があった。「世が世なら」というわけである。鳶魚が幕臣を自認していたことは、土師清二《はじせいじ》や中沢巠夫《みちお》の回顧談からも読みとれる。たとえば鳶魚は、「っぽ」を好まなかった。「水戸っぽ」や「薩摩っぽ」といった、地方から出てきて幅をきかせている人種が大っ嫌いだったという。しかし、実際には世のなかは移り変わっており、過去と結びつくことでしか、そのプライドは保持されなかった。

鳶魚の出自と大隈重信襲撃

鳶魚は、一八七〇年三月一五日（新暦では五月四日）、八王子大横町に生まれた。先祖は八王子千人同心の家柄、すなわち武士であった。徳川家に仕える譜代武士（譜代同心）である。とはいえ身分は低く、なかば農民のように暮らしており、天保期（一八三〇～四〇年代）、九代八兵衛のときに商人となり、機屋（織物買継商）を営んで成功した。幕臣の子孫であると同時に、武士を捨てた家という出自は、鳶魚のアイデンティティに大きな影響を与えた。

父は善平、母は多喜。鳶魚は次男だったが、兄は早くに亡くなり、実質的にひとりっことして育てられた。豪商の息子として生まれ育った点は熊楠と近い。若いときにあくせく働く必要がなく、好きな分野に精が出せたのである。鳶魚は幼名を万次郎といったが、兄が亡くなったとき、八王子の善竜寺の住職である日登から、長命と丈夫な身体を願って玄龍の名をもらった。熊楠との書簡のやりとりにも、三田村玄龍とサインしてある。現在の我々が知る「鳶魚」は、『詩経』からとられたペンネームで、「鳶飛魚躍」、すなわち鳶《トビ》が空を飛び、魚が淵に躍るように、さまざまな生きものが自然のままにふるまって楽しんでいるようすを意味する。このほかに、捉雲、雲、鳩摩、くも、白衣蒼狗、風流五百生、没巴鼻といったペンネームも使った。

鳶魚のまだ幼いうちに、婿養子として三田村家に入っていた父・善平が離縁され、また祖父・甚兵衛の放蕩もあって、母と祖母とともに東京に出ることになる。しばらく神田岩本町で過ごし、五、六歳で下谷に移った。生まれは八王子だが、育ちは東京の下町というのが鳶魚なのである。高等教育としては、東京仏学校（現在の法政大学）に在籍した時期があるとされ、そのほか島田蕃根《ばんこん》（南村）に師事して神道、仏教、儒教と幅広く学んだ。

一七歳くらいから自由民権運動にのめりこみ、三多摩（北多摩、西多摩、南多摩。当時は神奈川県）の壮士として活動を始める。このころの多摩地域では政治運動がさかんで、若き鳶魚も熱中したのであった。自由党の後藤象二郎の玄関番を務めたこともあったという。そして一八八九年一〇月一八日、外務大臣・大隈重信の襲撃に鳶魚もくわわった。閣議を終えた大隈が桜田門から霞ヶ関の外務省に馬車で入ろうとしたとき、来島恒喜《くるしまつねき》が爆弾を投げつけた事件である。大隈の条約改正案に反対してのテロとされる。鳶魚の秘書的な存在であった柴田宵曲《しょうきょく》によれば、大隈の馬車が来るのを、坂の上で手を振って合図したのが鳶魚だったという。

来島はその場で自決したものの、鳶魚らは捕縛された。しかし、大隈は右足を切断する重傷を負ったにもかかわらず、共犯者たちを放してやれと言ったので、証拠不十分として釈放された。これがきっかけで鳶魚は早稲田びいきになったという。一九三八年一〇月一八日の谷中全生庵での来島の五〇回忌には、鳶魚も参加している。また鳶魚が写真嫌いだった理由は、検挙されたとき、手錠に編み笠、腰縄を付けられた姿を容疑者の写真として撮られたからだと伝えられる。

新聞人として

明治維新後にジャーナリストの道を選んだ幕臣は少なくない。鳶魚もそうした風潮にならったのか、一八九四年、八王子で『桑のみやこ』という新聞を発刊して主筆を務めた。八王子が生糸の集積地として栄えたことによる命名である。しかし、同年に日清戦争が始まると、中外商業新報社の従軍記者となり、第二軍第一師団に配属された。大陸での仕事は三ヶ月ほどに留まったが、戦場で思うことがあったのか、のちに上野の寛永寺の大照円朗《おおてるえんろう》大僧正を師として得度受戒し、天台宗に僧籍を得た（一九一五年三月七日）。鳶魚の葬儀も、寛永寺の末寺の本覚院でおこなわれている。

本格的に文筆家としての活動を始めたのは一九〇〇年ごろで、『読売新聞』に「無頭学問」を連載した。その後、一九〇三年に『山梨日日新聞』の記者となり、民報社、甲府新聞社にも在籍して二年ほどを甲府で過ごした。一九〇五〜〇七年、『風俗画報』に「甲斐方言考」を連載、一九〇六年一〇月には政教社の雑誌である『日本及日本人』に「烈士喜剣とは何ぞ」が掲載され、以後もこの二誌に文章が掲載されていく。

『風俗画報』は、一八八九年二月に日本最初のグラフィック誌として創刊されたもので、日本橋の東陽堂が発行した。とくに創刊当初は江戸研究の要素が強く、江戸の文物や風景をヴィジュアルにとりあげた。ちょうど大日本帝国憲法の発布、国会開設のタイミングであり、その反動として江戸研究が始まり、江戸の再評価が進んだといわれる。熊楠も遊学中に『風俗画報』を日本から送ってもらい、さかんに論考に用いた。『ネイチャー』（一八九五年一月一七日号）に出た「「指紋」法」では、江戸期の刑罰である敲《たたき》について、一八九三年二月一〇日の『風俗画報』（五〇号）に出た裁判事例が紹介されている。

鳶魚の人生にとって、『日本及日本人』を手がける政教社に関わったことが決定的な契機となった。政教社は一八八八年に志賀重昂《しげたか》、井上円了、三宅雪嶺らによってつくられた団体で、国粋主義的な思想を特徴とした。欧風化する風潮に対抗して、日本の「本来」の思想や文化を再評価する気運が高まるなかで設立され、第二次世界大戦期まで力を保った。明確にはわかっていないのだが、鳶魚は一九一〇年ごろに政教社に出入りしはじめたようである（正式に社員となったのは、一九一三年一二月ごろ）。

鳶魚は一九一〇年五月に、最初の単行本である『元禄快挙別録』（啓成社）を出版した。赤穂浪士事件を扱った内容で、政教社社長の三宅雪嶺が序文を寄せている。つづいて一九一一年には政教社から『芝居と史実』を出し、これらが大評判となったこともあり、鳶魚は文筆家、江戸研究家としての評価を確立していく。『日本及日本人』にも芝居をテーマとした文章をさかんに発表したことで、歌舞伎座から考証を依頼され、雑誌『歌舞伎』に文章を寄せた。

このようにして江戸文化の考証家として名を高めた鳶魚は、著作や叢書類を次々と手がけていく。一九一六年から江戸の未刊行随筆を編纂する『鼠璞十種《そはくじっしゅ》』の仕事を始め、国書刊行会から出版された。国書刊行会は幕末の資料をまとめた『燕石十種《えんせきじっしゅ》』『続燕石十種』『新燕石十種』を出版しており、それにつづく企画であった。『鼠璞十種』はのちに拡充され、『未刊随筆百種』となった。

一九二一年に出た『大名生活の内秘』(早稲田大学出版部)に序文を寄せた坪内逍遥は、「鳶魚三田村君こそ恰《あたか》も其極めて稀な博識家中の第一人者であらうと思ふ。君《くん》は先づ武家生活の裏面に精通してをられる。江戸市井のあらゆる隠微に甚深の興味を持つてをられる。江戸の民間文芸一切の方面に緻密な考査を進めてをられる。[……]さうして其《その》研究方法が、好事家流の随見随録式でもなければ、或《ある》種の学者の如き迂遠な演繹《えんえき》式でもなく、頗《すこぶ》るするどく直覚的である点が君の特色である」と絶賛している。

このころから、『東京日日新聞』『読売新聞』『大阪朝日新聞』、雑誌の『大日』に寄稿するなど活動の幅を広げていき、経済的な目処が立ったのであろう、一九二三年四月に政教社を退社した。

こののちの著作としては、『お大名の話』(雄山閣、一九二三年)、『お江戸の話』(崇文堂、一九二四年)、『江戸時代のさまざま』(博文館、一九二九年)、『江戸生活のうらおもて』(民友社、一九三〇年)、『横から見た赤穂義士』(民友社、一九三〇年)などがある。それから早稲田大学出版部による「江戸叢書」シリーズが、一九三三年の『江戸っ子』を第一冊として、『江戸の白浪』(一九三三年)、『捕物の話』(一九三四年)と次々と刊行されていった。

このように鳶魚は多数の著作を出し、雑誌掲載の稿料と合わせて、かなりの収入を得ていた。執筆だけでは食っていけず、実家からの援助とパトロン頼みだった熊楠とは違う点である（もとより、稿料で生活するつもりなどなかったのだろうが）。

『日本及日本人』と、熊楠と鳶魚の出会い

鳶魚と熊楠との関係については、森銑三《せんぞう》、雲藤等、原田健一、目黒将史《まさし》が扱っており、二人のあいだに長期にわたる密接な付き合いがあったことがわかっている。二人をつないだのは、政教社の『日本及日本人』であった。『日本及日本人』は、もともと政教社の出していた雑誌の『日本人』に、『日本』という新聞が合流したことで、一九〇七年に誌名を改めたものである。このとき、『日本』から長谷川如是閑《にょぜかん》や俳人の河東碧梧桐《かわひがしへきごとう》がくわわっている。

一九一一年三月一二日、田辺を訪れた碧梧桐は、『牟婁新報』社主の毛利清雅の仲立ちで熊楠と面会した。碧梧桐が『日本及日本人』への寄稿を勧めたところ、熊楠もその気になり、翌一九一二年三月一日号（五七七号）に「本邦詠梅詩人の嚆矢《こうし》」と「八咫烏《やたがらす》のことについて」の二篇が掲載された。その後も四月一五日号から「神社合併反対意見」が連載されるなど、『日本及日本人』は熊楠の主たる発表の場となっていく。当初は井上亀六、森田義郎《ぎろう》が編集担当だったが、一九二二年に鳶魚に代わった。政教社に正式に入社したあとの鳶魚は、原稿依頼や編集・校正といった仕事もしていたのである。

二人が初めて顔を合わせたのは、一九二二年四月一六日。南方植物研究所の資金集めで上京していた熊楠の宿泊先まで、鳶魚が訪ねてきたのであった。熊楠の「上京日記」によれば、「夜七時過ぎ、政教社三田村鳶魚氏来たり、十時過ぎまで話して去る。島田蕃根翁や中江篤介［兆民］氏に学びしことあり、土宜僧正知人なり。この人江戸の文学に精通し、軟文学についての著述多きこと世の洽《あまね》く知るところたり」とある。それにしても、初対面で三時間近く話しこむとは、よほど馬が合ったのだろう。

他方、鳶魚の日記には、一五日の欄に「〇出社。藁村（井上）氏より手紙にて南方熊楠翁訪問の依頼あるにより、同翁旅宿銀座二ノ一四高田屋に往く、不在也」として、翌日また出直し、「夜南方翁訪問、二時間余対面、斯《この》人が学問に屈托《くったく》せずして飛騰せばなど思はるるふしもありて、年来読書の境涯に在ることを惜しくも思はる、されど万年の人たるを得たるは学者なるが故なり」と記している。このとき鳶魚は熊楠に日本酒を差し入れた。

六日後の二二日に再訪した鳶魚は、「〇政教社主催講演会出席の承諾を得るため、南方熊楠翁を訪ふ」と、政教社主催での講演会を依頼する。熊楠の「上京日記」の二二日には、

三田村鳶魚氏来たり、近日神田青年会館で、頭山満《とうやまみつる》、三宅雄二郎二氏と熊楠を聘し、政教社同人主催で講演を請わんため参れり、と。予いわく、講演などいうことは、予に不

向きなるも、砂画師《すなえし》然と畳に坐して衆人環視の内に標品を示しての座談ならば致すべし。頭山満は当代の巨傑、筑紫西郷の名あり。三宅氏また威望王侯に駕す。予はかかる人々と伍すべきにあらざれど、出まかせの座談ならば致すべし、その準備して拵《こしら》え話を述べんも如何なれば、明日を除きいつでも宜し、呼びにさえ来たらば参上して不準備のまま出まかせに述ぶべし

とあり、条件を出してはみたものの、実現しなかったようだ。

熊楠は大勢の前でしゃべるのが苦手で、國學院で講演を依頼されたときも、ほとんど喋らずに「百面相」して演壇を降りてしまったエピソードがある。「砂画師」というのは独特の表現だが、標本を見せつつ説明するくらいならできるかもしれないと思ったのだろう。昭和天皇へご進講をしたときも、ウミヘビの一種であるウガや地衣類などについて、次々と実物を示して説明する形式だったからこそ、うまくいったのかもしれない。

直接顔を合わせたのは右の二回のみだが、以後は書簡を通して頻繁に情報交換をつづけた。熊楠が旧友・羽山兄弟の実家から借りて書写していた『彗星夢雑誌』の出版を打診したこともあった。この資料を保管していた山田栄太郎宛の一九二九年三月一三日付の書簡で、「小生毎月寄書する江戸生活研究『彗星』雑誌の縁により、春陽堂がたぶん出板致すべく候」と

述べている。『彗星―江戸生活研究』は鳶魚の関わった雑誌で、春陽堂から出ていた。『彗星夢雑誌』は幕末に編まれた風説留《ふうせつどめ》の一種で、現在の和歌山県御坊市に住む医師であった羽山大学が、全国的な情報収集ネットワークを用いて、黒船来航や京での志士の暗躍といったニュースを集めた資料であった。江戸に詳しい鳶魚に手がけてもらうのが最適だと思ったのだろう（タイトル的にも）。しかし、熊楠の仕事の遅さもあり、残念ながら実現しなかった。

ずっと後年になって鳶魚は「法華三昧」という文章で、「南方熊楠は富家の子に生れ、貧乏人にあらず。かつて酒銭に困りたることはなし。おのれが初問の時、一升提げ込みたり。熊公大悦、林［若樹］だの、三村［竹清］だのといふが、酒飲みの所へ初めて来るのに、空手なのだから話にならぬ。熊公は熊公なり。二君の所為も宜しといふべからず」と述べている。林や三村も同時期に熊楠を訪ねたものの、酒を持たずに行ったので、不興を買ったらしい。

誌上での交わり

一九二二年の初顔合わせ以前から、実は二人は交流があった。鳶魚が『日本及日本人』誌上に連載した「輪講」と呼ばれるものに、熊楠も投稿のかたちで参加していたのである。輪講とは、参加者のひとりが対象となる作品の原文を読み上げ、解釈を付ける。それから鳶魚が意見を述べる。そのあとで参加者が見解を出し合うという会であった。江戸文学を集団で読み解いていく研究会といえよう。

一九一七年一月に『東海道中膝栗毛』の輪講（全一九回）が始まると、その速記録が『日本及日本人』に連載された。編集者でもあった鳶魚は、輪講の内容を誌上で公開することで、読者からの情報提供を期待したのであった。

実際に補足や訂正を送ってきたひとたちがおり、「紙上参加」と呼ばれた。そのなかでも特にめだったのが熊楠だった。「読「東海道中膝栗毛輪講」」と題された熊楠の一連の紙上参加は、一九一八年四月一五日号（七二九号）に出た「巫に関することども」から、一九二三年一月一日号（八五二号）の「水から」まで、なんと三四回に及んでいる。和歌山をほとんど出なかった熊楠だが、郵便を通じた「参加」はお手のものだったのである。

「読」とあるとおり、鳶魚らによる輪講が誌面に出たのを読み、関連する知識を提供した内容で、たとえば一九二〇年四月一日号（七七九号）の「弥次郎兵衛」は、七〇二号に掲載された「膝栗毛輪講第一回」を受けて書かれたもの（輪講の掲載と、熊楠の寄稿の順番はかならずしも一致していない）で、「鳶魚先生、「嘘突は弥次郎と言いますな。それから浮世草紙などを見ると、娑婆で見た弥次郎顔と言って、知らぬ顔をするをいう。弥次郎という詞《ことば》と弥次郎兵衛という詞とは、その間に連絡がありはしないかと思う」と言われた」と述べ、

『醒睡笑』一に、娑婆で見た弥次郎かとも言わぬ、とは何ぞ。往時、佐渡に金山開け人多く集まりし時、断食して念仏不退転の聖《ひじり》あり、生仏とて男女参拝する中に弥次郎なる者その道場を離れず給仕す。後その聖大いなる穴に入定す。実は金掘りを頼み抜道を掘らせ無事に立ち退きしなり。三年経て弥次郎、越後で件《くだん》の聖に逢い、尋ねしに夢にも知らずと言う。弥次郎証拠を引いて叱る時、かの聖、げにもよく思い合わすれば娑婆で見た弥次郎か、という。それよりこの詞あり、と見ゆ。始終を案ずるに、シラバックレタ厚顔を弥次郎顔と言いしより、空とぼけた奴を弥次郎と言ったらしい。また件の聖が平気で嘘を言ったより転じて、嘘付き弥次郎という名もできたのか。

とする。鳶魚にもよくわからなかった点や、まちがっている点を熊楠が指摘したものであった。ごく短い文章が多く、熊楠の日記から確認すると、この手の投稿は葉書一枚ですませていることも少なくない。

聖人などが実は偽物で、詐欺まがいの方法でひとびとをだましていたという話は、熊楠のお気に入りのテーマであり、仏教の僧侶のみならず、インドのバラモンやキリスト教の聖人をもしばしば批判している。熊楠は宗教の欺瞞《ぎまん》や誤魔化しを非難しつづけた人間で、一方では宗教のもつ高邁な思想・理論や、生涯をかけて修行に打ちこむひとたちへの憧れもあわせもっていた。

在野の知識人たちをつないだ「輪講」

一九二三年に鳶魚が政教社を離れたためか、つづく宝井其角の『五元集』の輪講は『ホトトギス』に出た。それからしばらく中断ののち、『彗星』で連載が決まり、輪講も一九二六年に鳶魚の自宅を会場として再開された。一月二四日に初回が開かれて以降、御伽草子《おとぎぞうし》、浮世草子、洒落本、滑稽本、人情本、読本、黄表紙、謡曲、浄瑠璃などの江戸文芸が次々ととりあげられていく。初回は「烏帽子《えぼし》」、二月一四日の第二回は「茶壺」であった。参加者は山中笑、水谷不倒《みずたにふとう》、森銑三、林若樹、三村竹清、笹川臨風、木村仙秀、島田筑波、勝峰晋風《かつみねしんぷう》、忍頂寺務《にんじょうじつとむ》、柴田宵曲などで、一度だけではあるが、柳田国男も参加している（一九三一年七月二六日、『浮世風呂』の輪講）。時代小説家や東大の学生が出席することもあった。一九二七年の春には西鶴を読む輪講もスタートし、『好色一代男』から読みはじめ、こちらもほぼ同じメンバーでおこなわれた。熊楠がもっとも頻繁に反応したのは、西鶴輪講についてであった。

実際に輪講に出席した水野稔の回想（一九三二年）によれば、早い時期には、鳶魚自身がはがきを書いて輪講の日時を知らせていた。午後三時ごろから八時くらいまでつづき、途中で食事も出た。鳶魚はメモや原稿をつくってくるでもなく、記憶だけを頼りに順序立ててきっちり話したという。

鳶魚は熊楠に『彗星』を送り、熊楠も「読「西鶴一代男輪講」」「読「世間猿輪講」」「読「夢想兵衛輪講」」「読「誹語堀之内詣」」「読「五人女輪講」」「読「日本永代蔵輪講」」などをまめに寄稿していく。鳶魚は著作を熊楠に献本しており、南方熊楠顕彰館に現存する鳶魚の作品は、『鳶魚劇説』（一九二五年）、『未刊随筆百種』（一九二七年〜）、『西鶴輪講　好色一代男』（一九二七年〜）など五〇冊以上に及ぶ（すべてが受贈本ではないようだが）。

『西鶴輪講　好色一代男』が届いたときの熊楠から鳶魚への礼状（一九二七年九月一五日付）には、「何とぞ第二巻の末へ熊楠在京ならば必ず輪講の一味連判に加わりおるべき者と、早野勘平同様の思召しをもって別紙の通り御書き加えおき下されたく候」とある。早野は竹田出雲《いずも》の『仮名手本忠臣蔵』の登場人物で、実在の赤穂浪士である萱野《かやの》三平（重実《しげざね》）をモデルとしている。父から旗本の大島家への奉公を命じられたことで、進退きわまって自刃し、のちに義士にくわえられた人物であった。遠方ゆえに参加したくてもできない、熊楠の苦しい心境の吐露と読めるだろう。

一九三〇年二月に『彗星』が廃刊となったときには、「もしまた他日何か御発行の節は御一報次第義兵を挙げ子分に代筆させてでもいろいろ差し上ぐべく候」（一九三〇年三月一七日付）と惜しんでいる。『彗星』の廃刊後も、輪講自体は一九四九年二月までつづけられた。

鳶魚主宰の集まりは、輪講だけではなかった。一九三七年三月一五日に第一回会合が開かれた満月会は、毎月一五日と決まっていたことから名付けられた。なんとなく、エラズマス・ダーウィンのルナ・ソサエティを思い出す命名だ。劇作家の真山青果《まやませいか》や木村錦花が、若い脚本家に時代考証を勉強させようと企画し、大衆作家や時代小説家、市井の研究家が集った。旅館や錦花の家で開催され、毎月テーマを決めて鳶魚が語ったという。柴田宵曲が速記し、雑誌『江戸読本』（全二七号）に連載された。一九三八年六月の『江戸読本』の編集後記には、昨今の若い作家たちは江戸の実際の生活を知らず、創作するうえでも問題になっていたためにおこなったと書かれている。

鳶魚の関わったもの以外にも、昭和初期には類似の会がいくつかあった。長谷川伸が中心となった二十六日会（のちに十五日会、新鷹会《しんようかい》と改名）には一門の小説家たちが集まり、その成果として新小説社が発行した雑誌『大衆文芸』（第三次）に次々と時代小説が発表された。江戸はまだ歴史的に近すぎ、官学の歴史学の対象になりにくかったこともあり、市井のアマチュアが江戸研究の中心となったのであった。なお、輪講という用語／集まりは鳶魚ら江戸研究者の専売特許ではなく、柳田もニコライ・ネフスキー、中山太郎、折口信夫とともに

『播磨風土記』を輪講したことが知られる。

熊楠の死を一九四一年一二月二九日の夕刊で知った鳶魚は、「〇夕刊にて、南方熊楠翁、今朝逝去を知る、手紙の交通は二十年余りしも、相逢ふことは先年入京の時二回のみ、［……］物識ゆゑ、幾つにしても惜しきことなり」と記している。また、『江戸ばなし』（其二、大東出版社、一九四三年）の「目明しの話」には、「目明しの名義について、故南方熊楠翁から教えられたことがあります。［……］よくいろいろと何でも知っている人でした」とある。

物識りの鳶魚にこのように褒められれば、熊楠も本望だろう。

熊楠は牧野や柳田とは決裂してしまった。ところが、鳶魚とは長い付き合いがつづいた。熊楠は、寺島良安の『和漢三才図会』（一七一二年）や、喜多村信節《のぶよ》が市井の風俗を記録した『嬉遊笑覧』（一八三〇年）といった江戸の文献を熱心に引用するなど、江戸文化への強い親近感をもっていた。鳶魚と熊楠は、共通の関心と共感でつながれた間柄だったのだろう。

鳶魚の晩年と死

本書でたびたび話題にしてきた収入の側面にもふれておこう。一九二三年に政教社を辞め、ひとりだちしてからの鳶魚は、著書の出版や新聞・雑誌への寄稿で生活費を稼いでおり、講演の口もしばしばかかった。それらがどのくらいになったかというと、少し驚くような話が伝わっている。

二〇二一年一一月から翌年一月にかけて、中野区立中央図書館で「三田村鳶魚――文園に花開いた江戸学」と題する特集展示があった。文園とは同館の近くにかつてあった地名で、鳶魚が一九二二年から一九四六年まで暮らしたところである（現在の中野六丁目）。鳶魚旧宅は現存しないものの、このときわたしも跡地を見に行った。それほど広い敷地ではないものの、ここにあった屋敷でずっと輪講がおこなわれ、著書が出版されて印税収入が入るたびにあちこち建て増ししていったという。あるいは、大学で教えるよりも、よっぽど儲かったのかもしれない。

一九四四年、七四歳の鳶魚は山梨県の下部《しもべ》温泉に疎開し、橋本屋という旅館に滞在した。井伏鱒二《ますじ》と知り合い、甲府の善光寺や身延《みのぶ》あたりまで、ともに遊びに行った。のちに井伏は鳶魚について「地獄耳のやうに記憶力がよくて話術にすぐれ、川沿いの道を散歩しながら明治時代の作家の噂を次から次に話してくれた」と語っている。戦後は中野に戻ったものの、このころの世間では社会情勢的に江戸への関心は薄れていた。鳶魚は時代遅れとされ、苦しい生活を強いられる。中沢巠夫によれば、鳶魚が経済的に困窮しているのを見て、輪講を復活させ、参加者ひとりあたり三〇〇円ずつ集め、講義料として三、四千円を渡していたという。一九五一年に鳶魚は下部温泉の不二ホテルに移り、一九五二年五月一四日に八二歳で亡くなった。

『鳶魚江戸学』（一九九八年）で、森銑三は「いまは官学の先生が、民間の三田村翁の学問などを認めるようになってきていますが、当時は史料編纂所の先生方から言わせると、本筋のものを除いて、こんな裏通りや横丁みたいな本ばかり、いくら読んだって頭はできないというような見方があったと思います」と述べている。正統な歴史研究者は、「本筋」の一次資料である古文書や記録類によって研究すべきだと考えており、鳶魚の好んだ「裏通りや横丁」である随筆は認めなかったというのである。たしかに現在でも大学の研究者は、そうした雑多な資料を扱いたがらない。

鳶魚の側でも、「世の学者は手で書くが、俺は足で書く」と述べ、各地の旧家を訪ねては古文書を見せてもらっていた。幕末に御殿女中をしていた村山ませ子のもとに六〜七年も通って聞き取りをしたほか、元与力の原胤昭《たねあき》、元広島藩主の浅野長勲《ながこと》らにも情報を提供してもらった。江戸の話を鳶魚が聞き取りできたのは、その熱心さや知識にくわえて、武士の家系という出自によって、「仲間」とみなされたのもあるだろう。

また親しくしていた古書店の吉田書店（現在の台東区台東にあった。熊楠のところにも販売書目を送っていた）を通して、写本、日記、道中記を入手した。吉田書店はこれらを、江戸からつづく古い屋敷がなくなるとき、廃品回収業者を通して集めていた。とくに関東大震災後は、旧大名家をはじめとした旧家の土蔵が壊れるなどして、多数の資料が市中に出回ったという。官学の教授たちとは、情報収集法において、とてつもない距離があったのである。鳶魚は帝国図書館や、徳川頼倫の南葵文庫もよく利用した。図書館の利用は、イギリスのアマチュアとも通じるものがある。しかし、森銑三の回想によれば、鳶魚は内閣文庫には伝手がなく、使えなかったという。官と民のあいだには、こんなところにも高い壁があったのである。

鳶魚は愛弟子の松本亀松（のちに日本大学教授）に対して、自分は町学者であり、町学者は学統をもたないものだと諭していたという。松本は、輪講に集まった林若樹、三村竹清、山中笑らを「町学者の最後の人」とも表現している。大学の教授たちは弟子を育て、さらにまた孫弟子が、と引き継がれていくことで学統が生まれる。しかし、それをしないのが、アマチュアの矜持《きょうじ》だというのである。

熊楠にも、変形菌やキノコの分野で小畔《こあぜ》四郎、平沼大三郎、樫山嘉一《かしやまかいち》など何人かの弟子がいたが、いずれもアマチュアであり、その次の世代が育つことはなかった。少なくとも、現在では熊楠の弟子筋の人間は存在しない。熊楠の研究者はいるが、熊楠のやったことを引き継いでいるわけではない（なので、熊楠を「先生」とも呼ばない）。アマチュアは、協働することもたしかに多いが、あくまで最後は孤独な存在なのである。

終章　アマチュア学者たちの行方

理想的すぎたか？

いささか理想的に描きすぎたかもしれない（とくにイギリスの場合を）。ただし、学問世界の理想的な在り方は、全員が足並みを揃え、ひとつの「正解」へ向かって一方向的に進んでいくというものではない。熊楠が牧野を避け、柳田とも決裂してしまったように、いつも仲良く協働してきたわけではなかった。むしろ、ひとりずつ違った思惑をもち、別々の動機から研究しているなかで、総体としての学術空間が構成される点が重要なのだと思う。

本書で見たように、学術空間の在り方はイギリスと日本で異なり、それが現在にまでつづいている。いまの日本では、プロの研究者とアマチュアの研究者の区別は簡単で、大学や研究所といった機関に所属しているかどうかで見分けられる。両者の区分は厳密で、アマチュアをわざわざ研究者ではなく、「研究家」と呼ぶことすらあるほどだ。周囲から「違う」と認識されているのみならず、本人のアイデンティティ的にも異なっている。両者のあいだには明確な階層の違いがあり、日本ではアマチュアの地位が極端に低いように感じる。それに対してイギリスでは、現在もアマチュア研究者たちの存在感が大きい。アマチュアが変に萎縮したり、逆に自意識が強くなりすぎたりもしていない。アマチュアとプロの垣根が低いのである。なぜ、このような差があるのか。イギリスにくらべて大学の数がずっと多い日本では、大学教員という社会集団が巨大であり、社会において存在感をもっている点も指摘されよう。二〇二三年度の時点で、イギリスの大学は一〇六校。日本は七九三校を数える。大学の「先生」の数も、くらべものにならない。しかし、それだけではないはずである。

一九世紀イギリスで、アマチュアでありながら研究にとりくんだイギリスのひとびとは、大金持ちだけではなかった。貴族からミドルクラスまでかなりの幅が見られ、労働者階級からも参加者がいた。女性たちもおり、熊楠のような留学生も欠かせなかった。このように学問が開かれた状態にあったことにくわえて、イギリスが世界進出をはたした結果として、学術的な空間は地域的にもテーマ的にも一気に広がった。雑誌や辞書などのメディアに支えられた「公」的な空間が形成され、それを運ぶ郵便、鉄道・汽船網も発達し、世界中を覆いつくす学問のネットワークが完成した。熊楠もその恩恵にあずかり、帰国後も参加メンバーとして活躍をつづけることができた。こうした学問のデバイスやインフラはその後も形を変えつつ発展し、現在のインターネットでつながれた学術空間へ至る。

さほどお金がかからなかった点も重要だろう。大がかりな実験設備を使ったり、海外への長期の採集旅行でも企てないかぎりは、研究費用はさして必要なかった。大英博物館のリーディング・ルームは無料だった（交通費はいる。熊楠は足代を浮かすためか、下宿から大英博物館まで、しばしば数時間かけて歩いている）し、雑誌をとったり、近所で植物を探したりするのにも、それほどお金はかからない。郵便代も安いものだ。帰国後の熊楠は経済的に困窮した時期が長く、『N&Q』の購読料も滞るほどだったが、学問はなんとかつづけられた。ある意味で、学問はもっとも手軽で安価な娯楽なのである。裏返せば、アマチュアが学問にとりくもうと思ったら、気軽にできるような仕組みがなければならない。その点では、図書館、市民講座、PC、カメラ、録音機器、コピー機といったものが整備・普及し、なによりインターネットの発達した現在は、学ぶにも研究成果を発信するにも、好適な環境となっている。独学が流行し、ネットの世界から次々と斬新で意欲的な研究があらわれているのも、当然のことだろう。

日本の大学の特殊性

日本の大学は、お雇い外国人たちを呼ぶことで基礎的な部分がつくられた。彼らの多くは欧米の大学の卒業生であった。やがて日本人教員に置き換えられていくが、ほとんどが海外の大学への留学を経て着任した。結果として日本の学問世界は、大学と、そこに所属する教授たちを中心に形成され、イギリスに見られたようなアマチュアの部分は導入されなかった。

多様な学問世界のうち、ほんの少しの領域だけがとりいれられ、アマチュアの担っていた広大な部分は気付かれもしなかった。そして、その大学という狭い部分だけが日本の学術世界で肥大していったのである。

プロとアマチュアのあいだの協力関係も見落とされ、むしろ官と民としての区別と分断が生まれた。また、どちらかといえば大学教員の社会的地位の高くなかったイギリスに対して、日本では国家と結びつき、政策や技術と切り離せない存在となったことで、教授たちは「尊敬すべき」ひとたちと位置づけられた。日本での大学への世間的尊敬は強すぎるくらいで、現在でも欧米（とくにアメリカ）で教授たちがあまり高い社会的地位をもたないのを知って驚くひとも多い。一九世紀のイギリスでは、特殊な専門的知識や技術を備えた人間がプロフェッサーと呼ばれ、ミュージックホールの芸人や奇術師もプロフェッサーと名乗ることがあったくらいだ。官と学が結びついたのはきわめて日本的な特徴なのである。

本書では、アイデンティティについても扱ってきた。この問題に、もう少し踏みこんでおきたい。アイデンティティは多層である。階級、仕事、性別、場所、時代、身分など、いくつもが折り重なっている。なおかつ、個人のものであると同時にグループや階層のものでもある。この点、一九世紀イギリスで見られたような、直接的な報酬と結びつかない学問は、そうであるがゆえに階級や性別を越境するものとして機能しえた。それには、学術誌のような「場」の存在が有効であった。たとえば、『N&Q』に投稿しているひとたちは、貴族であろうが大学教員であろうが会社員であろうが、女性であろうが外国人であろうが、共通の興味関心による「仲間」としてのアイデンティティをもっていたといえる。なおかつ、『OED』のように、その場に集ったひとびとが、それぞれのできることを提供することで、巨大な成果を生み出せた（直接、顔を合わせなかったことで、階級差などが意識されにくかった点も大きい）。これに対して、日本の大学教授というアイデンティティは、あまりにも単純すぎる。

留学が日本の大学に与えた影響

本書では、話題をイギリスと日本にかぎった。もちろん実際には、日本の大学や学問を見ていくうえで、ドイツやフランスなどへ留学したひとたちを忘れることはできない。お雇い外国人にしても、各国から招かれていた。学問における官と民の存在感は国によってまちまちで、ドイツのように政府が科学を後押しした国もあれば、アメリカのように産業界が大きな役割をはたした国もある。ただ、イギリスは明治期から日本に強い影響を与えてきたし、学問におけるアマチュアの立場が日本とは対照的であり、現在の独学や市民科学、学問の国際化といったテーマを点検するのに好適と考えられる。わたしの専門とする熊楠は、イギリスと日本をつなぐ存在であり、なおかつ自然科学と人文科学をまたいで活躍した。熊楠を通して、アマチュアとプロ、イギリスと日本、官や民という問題へと迫れたのではないだろうか。

大学に行く意味や、学問や科学を身に付ける意味についても、簡単にふれておきたい。イギリスには大学が少なく、日本やドイツやアメリカには多い。大学のもつ社会的な意味合い、さらにいえば、進学する目的が違うのである。さすがに近年では薄れつつあるものの、イギリスの大学にはジェントルマンとしての全人的な教育が求められてきた。もとより、それなりに経済的・階級的に恵まれた家庭の子弟が進学するため、社会的身分を上昇させる手段とはなりにくい。それに対して、ドイツやアメリカや日本では、大学が立身出世の道具として機能した。入学にあたって身分は問われず、卒業しさえすれば、「末は博士か大臣か」とまではいかないにしても、それなりの道が開けた。

イギリスのようなアマチュアとプロが混交した自発的な学術空間は、大きな恩恵をもたらし、科学・学問を発展させたが、いつまでも優位がつづいたわけではない。国家の後押しで、より広い層から才能を集めて科学立国をめざしたドイツや日本に、やがては追い抜かれてしまう。民間の資金力が桁違いとなったアメリカにも、である。たとえば一九世紀の終わりから物理学が興隆すると、専門的な技術や大規模施設がものをいうようになり、個人では研究が困難になっていった。また、「片手間」のアマチュアがとりくむよりも、大学、大学院といったシステムで選抜した優秀な頭脳を、フルタイムで研究に従事させたほうが効率がよく、成果も上がる。学問が社会のなかで価値あるものと認められていけば、生活費を稼ぐための「つまらない仕事」に時間をとられるより、大学教授になるほうがずっと魅力的になる。教授たちの待遇も次第に改善されていく。プロの地位は総体的に上がっていったのである。

熊楠の学んだミシガン州立農学校のように、ドイツやアメリカや日本では実用的な技術を教える専門教育機関もあらわれる。アメリカの農業・機械カレッジ（A&T）が代表的で、のちに各地の州立大学になるようなところだ。日本でも、札幌農学校が挙げられる。明治日本に必要とされたのは、こうした実用的な技術であり、知識であった。科学の分野でドイツが主たる留学先となっていったのも当然のことだろう。イギリスへ向かった留学生たちも、オクスフォードやケンブリッジでは実用的な知識は得られないので、ロンドン大学やグラスゴー大学などを選んだ。そこからは、「役に立つことこそが学問である」という風潮が生まれる。

学問や留学が立身出世の途であることに、熊楠は批判的であった。「履歴書」では、「むかし、［……］学問をせし人はみな本心よりこれを好めり。しかるに、今のはこれをもって卒業また糊口の方便とせんとのみ心がけるゆえ、おちついて実地を観察することに力《つと》めず。たただだ洋書を翻読して聞きかじり学問に誇るのみなり。それでは、何たる創見も実用も挙がらぬはずなり」と手厳しい。

また、学位をとったらすぐに帰国してしまう留学生に対して、「三年や四年何の地に学びたりとて［……］到底無益のことなり」と述べ、「何にせよ学問は一生暇あればすなわちと出かけるべきなり」（一八八七年九月九日付、杉村広太郎宛書簡）、すなわち学問は一生をかけてとりくむものであり、けれども「暇がある」ときにやればいいというのである。これはアメリカ時代に書かれた書簡の一節だが、まさにイギリスのアマチュア的学問の理想を示してもいる。大学教員、官僚、産業界とは無縁に終わった熊楠の負け惜しみかもしれないが、いまでも耳に痛い言葉だろう。

官学のアマチュアへの恩恵

学問の発達には、何よりも多人数がとりくむことが必須である。そして雑誌などの場を介して、科学的発見や学説、研究材料が共有されることが重要だ。本書では江戸以前の学問についてはほとんどふれなかったが、分野を超えて大規模に情報をやりとりする仕組みがなく、また人間同士の横のつながりに欠けたような印象がある。個人がそれぞれに学問をおこなっていたが、それをつなぐシステムがなかったのである。師弟関係に縛られがちだった点も指摘すべきだろう。先生と弟子という関係では、議論や批判や革新は生まれにくい。雑誌上（そして現代のインターネット上）の、相手の顔の見えないがゆえの自由な議論とは違うのである。

明治になって大学＝官学ができたことが、状況を変えた。大学には誰でも（入試さえ突破すれば）入ることができる。身分などは関係ない。そして、いったん卒業しさえすれば、官の側にくわわれたのであった。学歴主義と立身出世である。ここまではよく知られた話だろう。しかし、本書で示したのは、さらにその先の話だ。牧野や柳田は官の所属メンバーであり、植物学や民俗学を通して彼らに貢献することは、植物好きの市井のひとびと、民俗に興味のある地方の青年たちに、わずかなりとも官の側へ参入する機会と捉えられたのであった。もちろん、それがすべてではないだろうが、強力な誘因になったであろうことは容易に想像される。逆説的な話になるが、東大の存在こそが、在野、アマチュア、民間学をさかんにした原因なのではないか。

これは柳田が一国民俗学に向かった原因も説明してくれる。全国の民俗学に関わろうとするひとびとが柳田を通して見ていたのは、あくまでも日本という国家であった。そのために、研究対象は日本にかぎられた。国際的な視野やコスモポリタンといった方向性とは、そもそも結びつきようがなかったのである。国際比較を前面に押し出しては、全国から無数の協力者を集めるのは難しかった。そのことをよく承知していた柳田は、高木敏雄や熊楠と決裂せざるを得なかった。初期のイプセン会といった海外／国際志向の会が継続されなかったのも当然である。結果として、日本で実現したアマチュアたちとの協働空間は、イギリスとはタイプが異なった。熊楠もそこに違和感を覚え、苦しんだのであった。

牧野の植物学、柳田の民俗学、福来の超心理学、鳶魚の江戸学は、アマチュアこそが力を発揮する分野であり、なおかつひとりではできないような側面をもった。イギリスから帰国した熊楠がこうした分野に関わったのは、けっして偶然ではなかったはずだ。しかし、牧野や柳田のもとに集結したアマチュアたちに共通するアイデンティティがあったかというと、微妙である。大学や官僚の師弟関係、上下関係に似たものも感じられる。

とはいえ、牧野と柳田の仕事がうまくいったのはまちがいない。学問の在り方に、正解を求めるのもおかしいだろうとも思う。そもそも植物学も民俗学も、みな楽しいと思ったからこそ参加したのだ。日本でほかに成功した官学とアマチュアの協力の例としては、考古学、天文学、それから昆虫学や貝類学といった生物系の諸分野が思いつく。たとえば、鳥類学や蝶類学では鳥や蝶の渡りについて、大勢のアマチュアが各地で観察したデータを集計し、実態をあきらかにするといったことがおこなわれている。二〇世紀の後半には、このような手法はシチズン・サイエンス、市民科学と呼ばれるようになり、ある程度の定着を見た。

最後にこれからの学問がどうあるべきかの理想像についても語っておきたい。インターネットの発達によって、大学以外のひとたちが自由に研究し、発表するためのインフラが整備された。いわば、大英博物館のリーディング・ルームと『N&Q』がネット上にできたようなものである。しかし、あまりにも広大なため、まとめることに苦しんでいる。学問が自由で、楽しくなければならないのは当然として、そこには成果や進歩も求められる。現状から一皮むけるには、「まとめる」作業こそが不可欠なのだと思う。そのために、本書で述べてきたようなイギリス式と、日本式のよいところを接合できないだろうか、と夢想している。

おわりに

学部生のとき、指導教員だった大石昌史先生が、同じゼミ生のMさんに、教員がどうやって収入を得ていると思うか、と問いかけたことがあった（どうしてそんな質問に至ったのかは記憶にない）。Mさんは、「論文を書いてですか？」と答えたが、大石先生は「学術誌に論文を書いても、それ自体は一円のお金にもならない。授業をして、大学からもらう給料で暮らしているのだ」と押しころしたような口ぶりで説明した。研究者というものが、どうやって生活しているかを実感させられた出来事であった。いまではわたしもよく理解しているが……。

大石先生はガダマーやインガルデン、ニーチェなど近現代ドイツの芸術論を専門とした方だったが、あれだけ複雑かつ難解な論文を苦労して書き上げても、報酬はもらえないのかとショックに思ったことを覚えている。

ちなみに、Mさんの家に遊びに行ったところ、三田村鳶魚の著作がずらりと積み上げられており、遠い親戚にあたるのだと聞かされた。あれが鳶魚に関心をもった始まりでもあった。

かつてプロの研究者として生活できていたのは、ほんの少数であった。昔もいまも研究そのものによって収入を得ている人間はほとんどおらず、日本でも大学の先生は「教える」ことによって生活している（授業料などによる）。すなわち、世界のあちこちで大学が激増した一九世紀後半から二〇世紀にかけて、研究者ないしサイエンティストという職業が発生したのは当然のことであった（企業の研究職は措《お》いておく）。大学の職が経済的にも社会的地位としても魅力的になれば、志望者も増え、ポストに就くための競争も激しくなる。採用にあたっての選考では、研究／論文の質や数が問われはじめる。そのなかで、査読やインパクトファクターといった「公正な」指標が発生していった。

それ以前の世界では、実は研究／研究者の質はあまり問われていなかったのではないかと思っている。熊楠の論考にも、正直なところ、ちょっとどうかと思われるものが少なくないし、『ネイチャー』『N&Q』『植物学雑誌』『郷土研究』といった学術誌を見ていても、光り輝くような研究成果やアイデアはごく一部である。むしろ、ふつうのひとたちが、そんなに頑張らずに書いたような論考が多い。プロではない学者たちが暇を見つけて研究していたのであり、それが何ら悪いことだと思われていなかった。そして総体としては、優れたアイデア／頭脳の持ち主も、それほどでもないひとたちも、差別されず、気楽に学問にとりくんでいたように見える。

しかし、学問のプロが大規模に出現すると、自分たちの職業集団としての地位を守るために、論文の優劣や「正しさ」が問われていく。だれが最初に発見したのかという先取権も重視されはじめる。それは急速に学問を発達させた一方で、学者としての在り方を窮屈にしてしまったように思える。才能という点で物足りなかったり、ほかに正業があるなどで研究の時間が充分にとれなかったり、流行の分野から外れたことに関心があったりするひとたちは、「正統な」学問から排除されていった。それは、とてももったいないことだったのではないか。

ひるがえって現在では、大学における学問が大きな変革を迎えており、これからは大学の数自体もどんどん減っていく。そのなかで、プロに占有されるのではない学問／研究が生まれつつあるように感じる。とくにネット世界のものである。はたして、それらは大学の学問に対抗し、あるいは融合していけるのか。注目していきたい。

それから最後に、はたしてアマチュア／学者は幸せなのかという問題を考えてみたい。ダーウィンのように、生活に困らず、栄光に輝きといった人生を送れたら、文句なしだろう。それでは、マルクスは？　三田村鳶魚は？　『N＆Q』の投稿者たちは？　牧野富太郎に協力した植物愛好家たちは？

歴史学には限界があり、個人の幸福／不幸に踏みこむのは、なかなか難しい。わたしが専門としている熊楠のことだって、彼が最期に何を考えていたかを知ることはできない。

さて、この原稿を書いている二〇二四年七月一七日、小説家・岩井圭也さんの『われは熊楠』が、惜しくも第一七一回直木賞に選ばれなかったというニュースが伝わってきた。候補の五作に入ったものの、残念ながら落選してしまったのである。

『われは熊楠』は、熊楠の弱さや迷いをテーマとした小説だ。熊楠が天才だったのはまちがいない。少年時代から学問を志し、ロンドン、那智、田辺時代の初期と、超人的な記憶力や観察眼によって生物学や民俗学の業績をあげていった。どこにも所属しないアマチュアの研究者であるというのも、熊楠のアイデンティティだった。ところが、結婚して子どもができたり、家計の苦しさで理想を諦めざるを得なくなったりするうちに、熊楠の天才はくすんでいってしまう。なんのために学問をしているのか、本人にもわからなくなっていく。実際、熊楠の仕事は、変形菌、キノコ、民俗学、エコロジーといずれも未完に終わったことが知られている。昭和天皇へのご進講によって世間的な名声は得られたものの、少年時代から目指してきた「学問」は完成させられず、中途半端なままで生涯を終えざるを得なかった。

しかし、『われは熊楠』では、「周囲には誰もいない。だが、独りではない」と感じ、世界の美しさに感動し、「この世界にいられたことに誇りを覚え」て、この世から旅立っていく。

もちろん、本当に熊楠が幸せであったかはわからない。あくまでもフィクションである。

しかし、『われは熊楠』のいう「独りではない」という点には強く納得させられた。これは熊楠が研究対象としていた生物が地球上に満ちていることにくわえて、多くの仲間や友人、家族に支えられたことをも意味している。実際、アマチュアであろうがプロであろうが、学者たちは研究を通じて仲間たちとつながりながら、活動している。そして論文を書いたり、標本をつくったり、辞書に貢献したりすることで、みずからの生きた証をこの世に残して、去っていくのである。

志村真幸

第8章
『鳶魚江戸学　座談集』朝倉治彦編，中央公論社，1998年
山本博文『江戸を楽しむ――三田村鳶魚の世界』中央公論新社，2000年
山本博文『鳶魚で江戸を読む――江戸学と近世史研究』中央公論新社，2005年
安食文雄『三田村鳶魚の時代――在野学の群像と図書館体験』鳥影社，2004年
棚橋正博『江戸の道楽』講談社，1999年
池内了『江戸の好奇心 花ひらく「科学」』集英社，2023年
志田正市『郷土の偉才 松森胤保』松森胤保翁顕彰会編，1989年
『殿様生物学の系譜』『科学朝日』編，朝日新聞社，1991年
宮地正人『幕末維新期の社会的政治史研究』岩波書店，1999年
「南方熊楠・三田村玄龍往復書簡――付・『日本及日本人』掲載，『全集』未収録文」雲藤等・原田健一編，『熊楠研究』6号，2004年
『三田村鳶魚主宰西鶴輪講『懐硯』』竹野静雄（校訂・解説），クレス出版，2005年

鶴見太郎『民俗学の熱き日々』中央公論新社，2004 年
船木裕『柳田国男外伝——白足袋の思想』日本エディタースクール出版部，1991 年
岩本由輝『柳田国男——民俗学への模索』柏書房，1982 年
岡谷公二『貴族院書記官長 柳田国男』筑摩書房，1985 年
田部井隼人「柳田國男と「怪談の研究」の時代——青頭巾を中心に」，『接続する柳田國男』大塚英志編，水声社，2023 年
神川隆『深夜の調べ』，1 号，2023 年
『知られざる佐渡の郷土史家・蒐集家——青柳秀雄の生涯とその業績』北見継仁編著，皓星社，2024 年
田中正明『柳田國男の書物——書誌的事項を中心として』岩田書院，2003 年
藤井隆至『柳田國男　経世済民の学——経済・倫理・教育』名古屋大学出版会，1995 年

第 7 章

寺沢龍『透視も念写も事実である——福来友吉と千里眼事件』草思社，2004 年
中沢信午『超心理学者福来友吉の生涯』大陸書房，1986 年
柴田勝家『ヒト夜の永い夢』早川書房，2019 年
志村真幸『熊楠と幽霊』集英社インターナショナル，2021 年
田中聡『怪物科学者の時代』晶文社，1998 年
三浦清宏『近代スピリチュアリズムの歴史——心霊研究から超心理学へ』講談社，2008 年
吉村正和『心霊の文化史——スピリチュアルな英国近代』河出書房新社，2010 年
一柳廣孝『〈こっくりさん〉と〈千里眼〉——日本近代と心霊学』増補版，青弓社，2020 年
本間健彦『「イチョウ精子発見」の検証——平瀬作五郎の生涯』新泉社，2004 年
『「日本心霊学会」研究——霊術団体から学術出版への道』栗田英彦編，人文書院，2022 年
「中村古峡と熊楠——書簡と解題」安田忠典編，『熊楠研究』5 号，2003 年
中瀬喜陽「南方熊楠・平瀬作五郎の松葉蘭の総合研究」『熊楠研究』1 号，1999 年
巽孝之「柴田勝家『ヒト夜の永い夢』」『南方熊楠の生物曼荼羅——生きとし生けるものへの視線』三弥井書店，2024 年
千本英史「江戸川乱歩の描いた「熊楠」」『熊楠works』15 号，南方熊楠邸保存顕彰会，2000 年。
千本英史「江戸川乱歩『緑衣の鬼』」『南方熊楠の生物曼荼羅——生きとし生けるものへの視線』三弥井書店，2024 年

マレー『ことばへの情熱――ジェイムズ・マレーとオクスフォード英語大辞典』加藤知己訳，上・下，三省堂，1980年）
Lexicography and the OED: Pioneers in the Untrodden Forest, ed. by Mugglestone, Oxford University Press, 2002
John Willinsky, *Empire of Words: the Reign of the OED*, Princeton University Press, 1994
サイモン・ウィンチェスター『博士と狂人――世界最高の辞書OEDの誕生秘話』鈴木主税訳，早川書房，2006年
本田毅彦『大英帝国の大事典作り』講談社，2005年

第5章

『増補南方熊楠書簡集』紀南文化財研究会，1981年
田村義也「南方熊楠と牧野富太郎　すれちがう個性」前・中・後，『熊楠works』34～36号，南方熊楠顕彰会，2009～10年
土永知子「熊楠の高等植物の標本」『熊楠研究』1号，南方熊楠資料研究会，1999年
土永知子「牧野標本館に所蔵されている南方熊楠の腊葉標本」『熊楠研究』3号，南方熊楠資料研究会，2001年
土永知子「南方熊楠，牧野富太郎往復書簡にみる植物」『熊楠研究』6号，南方熊楠資料研究会，2004年
土永知子「南方熊楠の日光採集標本関連資料」『熊楠研究』17号，南方熊楠研究会，2023年
牧野富太郎「南方熊楠翁の事ども」『南方熊楠百話』飯倉照平・長谷川興蔵編，八坂書房，1991年
坂口總之輔「父總一郎がみた牧野富太郎と南方熊楠」『熊楠works』35号，南方熊楠顕彰会，2010年
田中伸幸『牧野富太郎の植物学』NHK出版，2023年
長久保片雲『世界的植物学者 松村任三の生涯　附 牧野富太郎との関係』暁印書館，1997年
『南方熊楠の生物曼荼羅――生きとし生けるものへの視線』志村真幸編著，三弥井書店，2024年
松居竜五『熊楠さん，世界を歩く。――冒険と学問のマンダラへ』岩波書店，2024年
雲藤等「南方熊楠の人脈形成と知的生産との関係――四十代「日記」の発受信欄の記録から」『熊楠研究』18号，2024年

第6章

『柳田国男・南方熊楠往復書簡集』上・下，飯倉照平編，平凡社，1994年
福田アジオ『種明かししない柳田国男――日本民俗学のために』吉川弘文館，2023年
鶴見太郎『柳田国男とその弟子たち――民俗学を学ぶマルクス主義者』人文書院，1998年

天野郁夫『大学の誕生（上）――帝国大学の時代』中央公論新社，2009 年
天野郁夫『大学の誕生（下）――大学への挑戦』中央公論新社，2009 年

第２章

フランシス・ウィーン『カール・マルクスの生涯』田口俊樹訳，朝日新聞社，2002 年
佐藤金三郎『マルクス遺稿物語』岩波書店，1989 年
松居竜五・小山騰・牧田健史『達人たちの大英博物館』，講談社，1996 年
ニコラス・バーカー／大英図書館専門スタッフ『大英図書館――秘蔵コレクションとその歴史』高宮利行監訳，松田隆美・高橋宣也・原田範行・伊藤尽訳，ミュージアム図書，1996 年
岩佐壮四郎『抱月のベル・エポック――明治文学者と新世紀ヨーロッパ』大修館書店，1998 年
斎藤兆史『英語達人列伝Ⅱ――かくも気高き，日本人の英語』中央公論新社，2023 年
長尾宗典『帝国図書館――近代日本の「知」の物語』中央公論新社，2023 年
新藤透『図書館と江戸時代の人びと』柏書房，2017 年
武上真理子『科学の人・孫文――思想史的考察』勁草書房，2014 年

第３章

志村真幸『南方熊楠のロンドン――国際学術雑誌と近代科学の進歩』慶應義塾大学出版会，2020 年
志村真幸『未完の天才 南方熊楠』講談社，2023 年
Bridget Fowler, *The Obituary as Collective Memory*, Routledge, 2007
ピーター・バーク『知識の社会史――知と情報はいかにして商品化したか』井山弘幸・城戸淳訳，新曜社，2004 年
アン・ブレア『情報爆発――初期近代ヨーロッパの情報管理術』住本規子・廣田篤彦・正岡和恵訳，中央公論新社，2018 年
デニス・ダンカン『索引　～の歴史――書物史を変えた大発明』小野木明恵訳，光文社，2023 年
『近代出版研究』１号～，近代出版研究所
工藤哲朗・志村真幸「イギリスの学術空間における日本人アマチュア――『N & Q』の中の南方熊楠と佐藤彦四郎」『熊楠研究』18 号，2024 年
アレックス・シザール『科学ジャーナルの成立』柴田和宏訳，名古屋大学出版会，2024 年

第４章

Jonathan Green, *Chasing Sun: Dictionary-Makers and the Dictionaries they made*, Henry Holt, 1996
K. M. Erizabeth Murray, *Caught in the Web of Words: James A. H. Murray and the Oxford English Dictionary*, Yale University Press, 1977（K・M・エリザベス・

主要参考文献

（順不同）

序章

『南方熊楠全集』全一二巻，平凡社，1971～75年
『南方熊楠英文論考［ネイチャー］誌篇』飯倉照平監修，松居竜五・田村義也・中西須美訳，集英社，2005年
『南方熊楠英文論考［ノーツ アンド クエリーズ］誌篇』飯倉照平監修，松居竜五・田村義也・志村真幸・中西須美・南條竹則・前島志保訳，集英社，2014年
『南方熊楠日記』全4巻，八坂書房，1987～89年
『熊楠研究』南方熊楠研究会ほか，1号～
松居竜五『南方熊楠――一切智の夢』朝日新聞社，1991年
松居竜五『南方熊楠――複眼の学問構想』慶應義塾大学出版会，2016年
鹿野政直『近代日本の民間学』岩波書店，1983年
谷川健一『独学のすすめ――時代を超えた巨人たち』晶文社，1996年
西阪多恵子『クラシック音楽とアマチュア――W・W・コベットとたどる二十世紀初頭の音楽界』青弓社，2018年
村岡健次『近代イギリスの社会と文化』ミネルヴァ書房，2002年
『ジェントルマン――その周辺とイギリス近代』村岡健次・鈴木利章・川北稔編，ミネルヴァ書房，1987年
飯倉照平『南方熊楠――梟のごとく黙坐しおる』ミネルヴァ書房，2006年
武内善信『闘う南方熊楠――「エコロジー」の先駆者』勉誠出版，2012年

第1章

松永俊男『チャールズ・ダーウィンの生涯――進化論を生んだジェントルマンの社会』朝日新聞出版，2009年
ピーター・J・ボウラー『チャールズ・ダーウィン――生涯・学説・その影響』横山輝雄訳，朝日新聞社，1997年
デズモンド・キング＝ヘレ『エラズマス・ダーウィン』和田芳久訳，工作舎，1993年
ヴォルフ・レペニース『十八世紀の文人科学者たち――リンネ，ビュフォン，ヴィンケルマン，G．フォルスター，E．ダーウィン』小川さくえ訳，法政大学出版局，1992年
小山慶太『道楽科学者列伝――近代西欧科学の原風景』中央公論社，1997年
佐藤満彦『科学好事家列伝――科学者たちの生きざま－過去と現在』東京図書出版会，2006年
ニコル・レピーヌ『キャベンディシュの生涯――業績だけをのこした謎の科学者』小出昭一郎訳編，東京図書，1978年
安原義仁『イギリス大学史――中世から現代まで』昭和堂，2021年

志村真幸（しむら・まさき）

1977年神奈川県生まれ．慶應義塾大学文学部卒業．京都大学大学院人間・環境学研究科博士後期課程単位取得退学．博士（人間・環境学）．慶應義塾大学文学部准教授，南方熊楠顕彰会理事．

著書『日本犬の誕生』（勉誠出版，2017年）
　　『南方熊楠のロンドン』（慶應義塾大学出版会，2020年／サントリー学芸賞〔社会・風俗部門〕，井筒俊彦学術賞）
　　『熊楠と幽霊』（集英社インターナショナル新書，2021年）
　　『未完の天才 南方熊楠』（講談社現代新書，2023年）
編著『異端者たちのイギリス』（共和国，2016年）
　　『動物たちの日本近代』（ナカニシヤ出版，2023年）
　　『南方熊楠の生物曼荼羅』（三弥井書店，2024年）
　　ほか

在野《ざいや》と独学《どくがく》の近代《きんだい》
中公新書 *2821*

2024年 9 月25日発行

著　者　志村真幸
発行者　安部順一

本文印刷　暁 印 刷
カバー印刷　大熊整美堂
製　　本　小泉製本

発行所　中央公論新社
〒100-8152
東京都千代田区大手町1-7-1
電話　販売 03-5299-1730
　　　編集 03-5299-1830
URL https://www.chuko.co.jp/

Published by CHUOKORON-SHINSHA, INC.
Printed in Japan　ISBN978-4-12-102821-1 C1237

中公新書刊行のことば

いまからちょうど五世紀まえ、グーテンベルクが近代印刷術を発明したとき、書物の大量生産は潜在的可能性を獲得し、いまからちょうど一世紀まえ、世界のおもな文明国で義務教育制度が採用されたとき、書物の大量需要の潜在性が形成された。この二つの潜在性がはげしく現実化したのが現代である。

いまや、書物によって視野を拡大し、変りゆく世界に豊かに対応しようとする強い要求を私たちは抑えることができない。この要求にこたえる義務を、今日の書物は背負っている。だが、その義務は、たんに専門的知識の通俗化をはかることによって果たされるものでもなく、通俗的好奇心にうったえて、いたずらに発行部数の巨大さを誇ることによって果たされるものでもない。現代を真摯に生きようとする読者に、真に知るに価いする知識だけを選びだして提供すること、これが中公新書の最大の目標である。

私たちは、知識として錯覚しているものによってしばしば動かされ、裏切られる。私たちは、作為によってあたえられた知識のうえに生きることがあまりに多く、ゆるぎない事実を通して思索することがあまりにすくない。中公新書が、その一貫した特色として自らに課すものは、この事実のみの持つ無条件の説得力を発揮させることである。現代にあらたな意味を投げかけるべく待機している過去の歴史的事実もまた、中公新書によって数多く発掘されるであろう。

中公新書は、現代を自らの眼で見つめようとする、逞しい知的な読者の活力となることを欲している。

一九六二年一一月

哲学・思想

中公新書

宗教・倫理

b1

中公新書

社会・生活

2484 社会学　加藤秀俊
1242 社会学講義　富永健一
1910 人口学への招待　河野稠果
2282 地方消滅　増田寛也編著
2333 地方消滅 創生戦略篇　増田寛也・冨山和彦
2715 縛られる日本人　メアリー・C・ブリントン／池村千秋訳
2794 流出する日本人―海外移住の光と影　大石奈々
2580 移民と日本社会　永吉希久子
2454 人口減少と社会保障　山崎史郎
2446 人口減少時代の土地問題　吉原祥子
2607 アジアの国民感情　園田茂人
1479 安心社会から信頼社会へ　山岸俊男
2322 仕事と家族　筒井淳也
2768 ジェンダー格差　牧野百恵
2737 不倫―実証分析が示す全貌　五十嵐彰・迫田さやか
2431 定年後　楠木新
2486 定年準備　楠木新
2577 定年後のお金　楠木新
2704 転身力　楠木新
2632 男が介護する　津止正敏
2488 ヤングケアラー―介護を担う子ども・若者の現実　澁谷智子
2809 NPOとは何か　宮垣元
2138 ソーシャル・キャピタル入門　稲葉陽二
2184 コミュニティデザインの時代　山崎亮
1537 不平等社会日本　佐藤俊樹
2489 リサイクルと世界経済　小島道一
2604 SDGs（持続可能な開発目標）　蟹江憲史

教育・家庭

中公新書

自然・生物

s1

- 2305 生物多様性　本川達雄
- 2813 ダーウィン　鈴木紀之
- 2414 入門！進化生物学　小原嘉明
- 2433 すごい進化　鈴木紀之
- 2763 「利他」の生物学　鈴木正彦・末光隆志
- 1647 言語の脳科学　酒井邦嘉
- 2731 物語 遺伝学の歴史　平野博之
- 2793 化石に眠るDNA　更科功
- 2736 ウイルスとは何か　長谷川政美
- 2656 本能―遺伝子に刻まれた驚異の知恵　小原嘉明
- 1709 親指はなぜ太いのか　島泰三
- 1087 ゾウの時間 ネズミの時間　本川達雄
- 2419 ウニはすごい バッタもすごい　本川達雄
- 2677 エビはすごい カニもすごい　矢野勲
- 2790 ウマは走る ヒトはコケる　本川達雄
- 2759 都会の鳥の生態学　唐沢孝一
- 2788 生き物の「居場所」はどう決まるか　大崎直太
- 2693 カラー版 クモの世界―糸をあやつる8本脚の狩人　浅間茂
- 2539 カラー版 虫や鳥が見ている世界―紫外線写真が明かす生存戦略　浅間茂
- 2259 カラー版 スキマの植物図鑑　塚谷裕一
- 2174 植物はすごい　田中修
- 2328 植物はすごい 七不思議篇　田中修
- 2491 植物のひみつ　田中修
- 2644 植物のいのち　田中修
- 2732 森林に何が起きているのか　吉川賢
- 2572 日本の品種はすごい　竹下大学
- 2735 沖縄のいきもの　盛口満
- 1769 苔の話　秋山弘之
- 939 発酵　小泉武夫
- 2408 醤油・味噌・酢はすごい　小泉武夫
- 2672 南極の氷に何が起きているか　杉山慎
- 2822 日本の果物はすごい　竹下大学

中公新書

地域・文化・紀行

t1

285 日本人と日本文化 司馬遼太郎 ドナルド・キーン
605 絵巻物に見る日本庶民生活誌 宮本常一
201 照葉樹林文化 上山春平編
799 沖縄の歴史と文化 外間守善
2711 京都の山と川 鈴木康久 肉戸裕行
2744 正倉院のしごと 西川明彦
2298 四国遍路 森 正人
2151 国土と日本人 大石久和
1810 日本の庭園 進士五十八
2633 日本の歴史的建造物 光井 渉
2791 中国農村の現在 田原史起
1009 トルコのもう一つの顔 小島剛一
2183 アイルランド紀行 栩木伸明
1670 ドイツ 町から町へ 池内 紀
1742 ひとり旅は楽し 池内 紀
2331 カラー版 廃線紀行―もうひとつの鉄道旅 梯 久美子
2290 酒場詩人の流儀 吉田 類
2472 酒は人の上に人を造らず 吉田 類
2721 京都の食文化 佐藤洋一郎
2690 北海道を味わう 小泉武夫

地域・文化・紀行

t2

560 文化人類学入門（増補改訂版） 祖父江孝男
2315 南方熊楠《みなかたくまぐす》 唐澤太輔
2367 食の人類史 佐藤洋一郎
92 肉食の思想 鯖田豊之
2129 カラー版 地図と愉しむ東京歴史散歩 竹内正浩
2170 カラー版 地図と愉しむ東京歴史散歩 都心の謎篇 竹内正浩
2227 カラー版 地図と愉しむ東京歴史散歩 地形篇 竹内正浩
2327 カラー版 イースター島を行く 野村哲也
1869 カラー版 将棋駒の世界 増山雅人
2117 物語 食の文化 北岡正三郎
596 茶の世界史（改版） 角山栄
1930 ジャガイモの世界史 伊藤章治
2088 チョコレートの世界史 武田尚子
2361 トウガラシの世界史 山本紀夫
2229 真珠の世界史 山田篤美
1095 コーヒーが廻り世界史が廻る 臼井隆一郎
1974 毒と薬の世界史 船山信次
2391 競馬の世界史 本村凌二
2755 モンスーンの世界 安成哲三
650 風景学入門 中村良夫